ファスト化する日本建築

森山高至
MORIYAMA Takashi

JN208942

はじめに

ファストとはどのような意味でしょうか。ＦＡＳＴ、速いとか、迅速な、急速な、すぐに、手軽に、といった意味合いで使われています。

身近なところでは、ファストフードという言葉がありますね。ファーストフードともいいますが、短時間で調理され、注文してすぐ食べられる、値段が安く、気軽なことがファストフードの条件です。

つまり、ファストとは単に早いだけではなく、安い、便利、お手軽、気軽、そういった意味をも含むものではないかと思います。

ハンバーガーやピザ、パスタ、サンドウィッチ、立ち食い蕎麦《そば》やラーメン、カレーライスなど、巷《ちまた》に多くのファストフード店は存在し、私たちは時間のない仕事の合間とか、食事を簡単に済ませたいときに利用しています。

ファストフードでは、便利で早くを実現するために、レシピや材料の統一、調理方法の簡素化、味付けの単純化などを追求した結果、調理方法も食品工場やセントラルキッチンで、ある程度まで加工され、冷凍されたものを、油で揚げたり電子レンジで加熱するだけにして、お店での調理を簡単にしています。

味付けには合成調味料などが使われることから、素材本来の味や栄養分が失われ、流行を生み出すための強い味付け、早くよく噛《か》まないで食べ過ぎる傾向には、健康への心配を指摘されるなど、ファストフードだけの食事には批判もあります。

また、近年「ファスト視聴」ともいわれる、時短や倍速で映画や漫画を観るといったことが流行《はや》っています。特にインターネットを通じた動画配信から増えてきたといわれていますが、本来なら2時間ぐらいの映画を半分の時間で観るために、1・5倍速や2倍速で再生する。

何話かの連続ドラマの最初を観たら、いきなり最終回を観て、結果を知って観たことにする。

また、動画を切り貼りして、あらすじの分かるだけの10分間ほどに短縮した「ファスト映画」というものが違法にアップロードされていたり、何巻もの漫画を数頁《ページ》で要約したものを、見たり読んだりするような風潮です。

映像作品や物語作品は、あらすじが分かればいいというものではなく、登場人物がどのような人で、どのような背景をもっているかといったことを、単に情報として言葉で説明するのではなく、視聴によって実感し体感したりすることで、感情の起伏が生まれ心が動かされ、深い感動に結び付くものです。

映画のなにげないカットや間、漫画のコマ割りやセリフ、小説の流れもそうですが、製作者や演出者も、そのように意識して作品の鑑賞時間や頁数を考えながら作っています。

たとえば、ある人の人生を描いた作品が、幼い頃のエピソードから始まり、思春期を迎えた頃に様々な夢を持って頑張ったけれど挫折、その後に不屈の努力と少しの幸運で成功をもたらしたが、せっかくの成功を脅かす事件が……、といったように、先の読めないストーリーやハラハラドキドキの先に待つ感動、もしくは余韻といった長く印象に残るものを目指します。

それを、時短コンテンツとするならば、「ある人は生まれて何歳頃に何をして死んだ」と要約される、つまり単なる情報になります。

主人公に感情移入することなく、知識を得る、観た、ということを認証するといったことと結び付いています。

これで、本当に作品を味わったことになるのでしょうか。

これらの例にみられるような、「ファスト化」が建築というジャンルでも、ついに起きているのではないか、というのがこの本の主旨です。

私はむしろ、かなり前から建築のファスト化は始まっていて、今まさに顕著になってきているだけなのではないか、という認識を持っています。

「ファスト」が建築と結び付いたとき何が起きるでしょうか。

本来、建築とは「ファスト」とは真逆なものであったと思います。

長い時間をかけて造り、長い時間使用する。

大きな資金を必要とするため、高額所得を用意するか長期のローンで支払う。

人には、何を良いとするか、何が快適かについて、人それぞれのライフスタイルや趣味もあります。なので、様々な要望を丁寧に拾い出し、一品一品が異なる注文建築であることが、建築の理想です。

お手軽、気軽についていては、そもそもお手軽ではないのが、建築です。

様々な法律条件や都市計画、環境の制限、電気や水道などの社会インフラとの接続もあり、個人の勝手な思惑だけでは、なかなか進まないでしょう。

しかし、建築は必ずしも自身で購入したり建てたりしなくても、日々体感するものでもあります。住居として賃借するだけでなく、会社や学校、その途上の通勤通学で、あるいは買い物や病院で、立ち寄り滞在し利用する施設が建築です。

賃貸住宅には、昔ながらの安いアパートから高級マンションに至るまで多様な広がりがあります。賃貸案内の情報誌や情報サイトを覗《のぞ》けば、大量の募集案件があり、希望の予算や立地など条件の合った物件を探すのは楽しいものです。

また、一時的な住まいとしてのウィークリーマンション、滞在型のホテルなども広義の住まいといえるでしょう。

そう考えてみると、建築のファスト化とは多くの人々の利活用を前提としたものでもあるのです。

ただ自分だけの都合で、早く、便利に、気軽にではなく、世の中全体がそういうものを求めていった。本来長くかかるはずの建築を早くしたい、短くしたい、手軽にしたい、という社会的傾向なのだと思います。

その結果、起きてしまったことが、じっくり検討して、しっかり造らなくなってしまった、気軽に扱って、大切にしなくなってしまった建築による被害です。

何十年も持つはずの建築が思いの外《ほか》早く老朽化してしまったとか、できたときは流行のデザインがすぐに陳腐《ちんぷ》化してしまったとか、ある目的をもって建てたものが何かの社会事情の変化によってすぐに使い道がなくなった、高額で価値があるはずのものが買い手がつかず、売ることもできなくなった、メンテナンスを怠《おこた》って崩壊の恐れがある、とかでしょう。

これは大変に困ることです。高いお金や資本を投下したものがフイになるわけですから、経済的損失ばかりか、資源の無駄遣いです。

また、時短動画のような、すぐに手が届く分かりやすい生活空間という意味で考えられるのは、住まいに私と公の区別がなくなった状態ともいえるでしょう。

一人暮らしであっても家族であっても、生活にメリハリのない暮らし、お客様を呼んだり、季節の行事をおこなったり、家の設《しつら》えを整えたりしなくなるようなものでしょう。あるいは、万年床や汚部屋をおかまいなしとするようなライフスタイルのようなものかもしれません。

職場や学校においても、フリーアドレスやレンタルオフィスなど、多目的を意識するばかりに、空間の繋《つな》がりや、構成のない、匿名《とくめい》性の高い、均質な空間が増えています。

そこには、企業イメージを表現したエントランスの空間や階段や廊下に至る演出などもなくなっています。

建築とは、本来じっくり考え、ゆっくり建てるということが前提だったのですが、それが、この何十年かのうちに、すぐに効果があって、てっとり早く手に入るものになりつつあり、その結果が、すぐにダメになって、すぐに必要がなくなるような事態が起きているのです、建築なのに。

そして、そのことは、建築ゆえなのでしょうが、一個人の都合や好みを超えて、社会や企業の行動にも影響を及ぼし、その結果、建築を考える建築家や、建築の構造や設備を考えるエンジニアにも、デザインを考えるデザイナー達にも、その傾向は現れ始めました。

そして、挙げ句の果てには、大型の公共施設の建築から、都市計画にも、都市のつくり方から国の有り様に向かっても、ファスト化は進行しています。

本書を通じて、建築のファスト化を生み出した要因をあらためて考えてみた結果、ファスト化という現象は、個人のライフスタイルや傾向が先行して、ファストフードや、倍速視聴から始まっているのではなく、むしろ逆で、我々の社会がファスト化に向けてどんどん、早く、安く、効果的に、を追求した結果、国がファスト化し、都市がファスト化し、街の商店や住宅が、建築がファスト化した結果、最後に生活がファスト化しつつあるのではないか、と思えるようになりました。

国家の政策を長期的な国民利益のうえで考えるのではなく、今目の前にある問題の解決のみに集中し、結果として、問題解決に取り組む頃には既《すで》に手遅れになっている。

都市計画を現在から数年ほどの短期間での開発利益にのみ特化している。

壊さなくてもいい街を壊し、通さなくてもいい道路を通し、残すべき街がなくなり、直さなくてはいけないインフラが放置されている。

不動産事業や住宅販売における企業利益を、事業利回りという数字だけの金融評価で先読みし、単年度売り上げでのみ評価し、街や人々の暮らしの将来像が描けていない。

公共施設が地域に本当に必要かどうかの議論なく、補助金や政策予算割り当ての見込みから、施設構想をおこなう。

建築家やデザイナーが、できた瞬間だけ評価を得られればいいと、写真映えや話題性を優先した設計デザインをおこない、早過ぎる老朽化や表現の陳腐化を知らんぷりで次の仕事をこなす。

そして、人々が、自分の生活が手一杯で、周囲の環境や、地域文化の継承や、社会制度の維持などを意識することなく、地域社会から切り離された生活を送っていくようになる。

ファスト化によって、現在の我々は何を行動原理としているのかと考えてみたときに、短期的な利益の最大化を目指す社会、短期的な利益の最大化のみに関心が向かう個人、ということではないかと考えられます。

なぜ、そのような常に余裕のない、常に何かに追われるような、なにもかも急いで、なんでもたくさん抱えこまなくてはならなくなっているのか。

そしてその結果、なんでも簡単に、なんでもすぐに、いつでも得するように、行動したにもかかわらず、なんにも得られていないことに気付きます。

後世になんにも残らない、取り戻すにはもっと時間がかかるような社会に向かっているような気がしないではいられません。

そうしたファスト化に向かう社会現象を、私たちの暮らす社会環境そのものが産み出しているのではないか、そのことを「ファスト化する建築」を通じて見ていくことが本書の狙いです。

２０２５年４月

森山高至

目次

第二章　商業施設のファスト化

第三章　住宅のファスト化

目次

第四章　建築人材のファスト化

第六章　国際社会における国家のファスト化

第一章　公共施設のファスト化

腐る建築とは

しばらく前のことだが、「腐る建築」というワードがSNS上で話題になり、TVニュースを賑《にぎ》わす事態になった。普段の日常なら生鮮食品などの腐敗で耳にする「腐る」という言葉と、鉄やコンクリートで建てられる強固なイメージのある「建築」という言葉の、互いに似つかわしくない言葉の取り合わせは、多くの人々に衝撃を与えた。

それは、本当に建物の屋根や壁が腐ってこぼれ落ちている映像が流されていたからである。その姿は、まるで住民のいなくなった村や閉鎖された鉱山に放置された廃屋の老朽化のような光景で、これがまだ20年ほどしか経過していないという事実。それが公共の美術館で、実際に栃木《とちぎ》県那珂川《なかがわ》町にある「那珂川町馬頭広重《ばとうひろしげ》美術館」だという事実にも皆、驚かされた。

我が国の高度成長期、昭和の時代に全国に数多く建てられた美術館、博物館で、築後40から50年が経過し、扉の枠や窓の一部、外壁の金具などが錆《さ》びたり劣化して、補修されたものを見たことがあっても、およそ20年ほどというまだまだ短期間で、屋根の材料が腐って崩れ落ちている公共建築など見たこともなかったからである。

那珂川町馬頭広重美術館（写真：共同通信）

仮にも公共の施設で、有名な建築家の手による美術館で、なぜこんなことになっているのか、なぜそれを放置しているのか、そのこと自体になにか現代の日本を象徴するような不可解な出来事として、多くの人が不吉な印象をもったであろうことは疑いの余地もないだろう。

しかしながら、筆者を含む多くの建築関係者は、報道で紹介された那珂川町馬頭広重美術館については、「やはりそうなったか……」、「できたときは綺麗《きれい》だったのに……」、「隈《くま》さんだしな……」という、半ば諦めた感じ、醒《さ》めた反応であった。このような事態に至ってしまった著名な建築家による建築作品の姿、いくつかの建築賞も受賞した建築作品の今の有り様に驚くだけでなく、この建築の今後の取り扱いについても複雑な印象をもったのである。

特に筆者の場合は、長く建築や公共施設の話題で、テレビやラジオ、新聞雑誌等でコメンテーターや解説員を務めていたこともあって、この事件ではすぐにテレビのニュース番組やインターネットの情報サイトなど、多くのメディアより解説コメントを求められることになった。その度におおむね以下のような発言をしてある。

「外部使用には向かない種類の木材を、耐候性の考慮なく使用したのではないか?」

「雨の多い日本の気候では、風雨に対する伝統的な木材の使用方法というものがあるが、そこをあえて、現代的なデザインの見え方を優先したのではないか?」

ほぼそのように答えていた。

というのも、建物の外側に木を使えば当然に腐るというものでもなく、我が国の伝統建築においては、数百年、千年という風雪《ふうせつ》に耐《た》えている木造建築は数多く存在するからだ。

我が国がおかれた地理的状況、東アジアのモンスーン気候、高温多雨という、菌類が繁《はん》殖《しょく》しやすい気候環境の中でありながら、これまで建築の外部にも内部にも構造材や仕上げ材として、様々な種類の木材を使い続けてきている長い伝統がある。

我が国の建築文化においては、風雨に対する多様な建築の対抗手法、様々な木材に対する取り合いの工夫や、維持管理の技術や習慣も存在しているからである。

そのため、木材が短期間で腐ってしまうという場合に、それすなわち木材という素材に問題があるというわけではなく、その使用方法や工法、そこで採用したデザイン手法に問題があると考えるのが妥当だ。

設計者・隈研吾《けんご》氏の講演会での発言

今回、腐る建築として話題になった「馬頭広重美術館」の完成時に、その設計者である建築家の隈研吾氏が、建材メーカーが開いた建築専門家向けの講演会で以下のように述べていた記録が残っている。

「……建築基準法に、屋根は不燃材でつくることと書いてあって、燃える木では屋根はつくれない。もうひとつは、木を屋根の上に置いたら腐るのではないかという、ふたつの疑問をもたれたでしょう。……」（２０００年 東西アスファルト事業協同組合講演会 https://www.tozai-as.or.jp/mytech/00/00_kuma09.html ２０２５年2月28日閲覧）

いわく、〝燃える木材で屋根はつくれないはずで〟、〝屋根の上に木材を置いたら腐る〟、完成の時点で、図らずも今回の事態を予見していたかのように、何もかも承知の上に構想したものだったというわけである。

その後に続いて、通常の木材使用の常識や、法律制限を、どうにかして超えたか、なんとかかわしたかして、あの建物は建てられたと図らずも吐露《とろ》している。

「……初めて建築で燃えなくて腐らない木を使った屋根というのができたんです。処理の仕方は、遠赤外線の処理で木の導管の中を薬剤が浸透しやすいようにして、そこにホウ酸塩とリン酸塩を注入し、中で結晶化させるという方法ですので、ほとんど見た目は無塗装に見えます。建築センターから不燃相当という認定をもらってやっと実現したのがこの屋根です。……」（前に同じ）

つまりその方法とは氏によれば、木の保護に関して新素材の手法を用いて不燃塗料を使用し、そのことにより木が燃えないだけでなく、腐らない耐久性を確保しているかのように発言しているのだ。

しかしながら実際にそのときに使用された技術とは、林野庁出身で宇都宮《うつのみや》大学農学部教授であった安藤實《あんどうみのる》氏が研究していた木の不燃技術、難燃技術のことであって、スギ材を燻煙《くんえん》乾燥したうえホウ酸やリン酸等の不燃薬剤を注入し、難燃性を確保したというものである。必ずしも風雨に対し不朽性を確保するものではなかったのである。

馬頭広重美術館のある那珂川町と隈研吾氏の反応

結局、町ではこの腐朽してしまった建築の屋根材の補修交換工事の予算をクラウドファンディングにより集めようとしている。しかしながら、実際の補修工事に見合うであろう金額、数千万円以上、場合によっては3億円はかかるであろう工事費には到底満たない状況であり、今もって改修の目処《めど》は立っていない。

設計者の隈研吾氏はニュースのインタビューに答えて、「保護塗料の性能が低かった」と述べたようだが、前述のように保護塗料の性能に不足があることは承知のうえだったのではないかと、多くの建築関係者は認識している。

そのため、今後は公共施設の計画において、まだ実験段階の新素材の採用を、そのリスクの説明なく実行したのか？　という意味で、建築家倫理の議論に移っていく可能性もある事件なのである。

一方、ここまでの顛末《てんまつ》を知ると、なぜ、そこまでして腐る恐れの高い木材を使用したのか？　という疑問が生じることだろう。同時に、そのような批判や心配があることを承知のうえで、多くの建築家やデザイナーが、隈研吾氏のこの「結果、腐ってしまった木」の建築表現を評価してきたのか、ということにもだ。

なぜ腐る恐れのある雨ざらしの部位にまで白木《しらき》を使用したのか

その理由とは、我が国における特徴的な建築への針葉樹《しんようじゅ》の活用方法と、長い間に培われた木材加工技術やそれにともなう木の文化が背景にある。

白木をそのまま外部に使用すると、紫外線により木の成分であるリグニンが褐色《かっしょく》に変化し、さらに灰色から墨色《すみいろ》に退色していく。

その変化を容認しているからこそ、全国の景勝地や観光地に赴《おもむ》いたときに、ちょうど再建されたり新築されたばかりの神社よりも、数十年、数百年を、自然の中で経過した枯《か》れた雰囲気の神社に、我々は風雪に耐えてきた歴史に想いを馳《は》せ、好ましい印象を感じている。

木部だけでなく、屋根の銅板が茶色から緑青《ろくしょう》に変わり、瓦《かわら》にも苔《こけ》むしてきて初めて、社殿としての風格や荘厳《そうごん》さが現れ始めてくるその経年変化を良しとしてきたのである。

だからこそ、まれにしかない木造大型建築の新築時における柱や梁《はり》の、白木の初々しさや清廉《せいれん》さにも大きな魅力を感じるわけである。仕上げを施す前の白木の建築の骨組みの姿は、神社仏閣だけの話ではなく、一般の木造住宅における上棟式の晴れがましさや、漂う木の香り、綺麗な木目と木肌の潔さ、など、誰もがそのほんの一瞬垣間見させる木造建築の木理《もくり》の美しさに共感できるのである。

その感性は、建築の構造材としての木の魅力だけでなく、木材が山の中で切り倒され、運ばれ、製材される加工工程の中で生じる様々な木部の素材利用にも通じている。剝《は》がした木の皮は檜皮葺《ひわだぶき》などの手法で屋根や塀に使われ、切り落とした枝の端材《はざい》や細径材からは、様々な工芸品、玩具、土産物、まな板や升や椀《わん》、割り箸《ばし》などにまで加工されていく。特筆すべきは、木を薄く剝《む》いてかつて紙の代わりに仏教の経典の記録に用いられた経木などは、お弁当箱にしたり、食品を包むことにすら使われてきたことからも明らかなように、また新しい木の素材感を好んで生活の中に取り入れていることだ。

同時に、そうした白木の切ったまま削ったままの質感は一瞬のものでもあり、良い意味での日本文化におけるすぐに消え去るもの、儚《はかな》いものに対する無常観という美意識、そのうえで何事をも新品を好むという性向にも繋がっている。

その一方で骨董《こっとう》や古びたものに対する愛着、侘《わ》びさびといった懐かしさや郷愁《きょうしゅう》の情といった感性もあり、変化の中で物を残す活かすという、単純な使い捨てではない資源循環的な社会制度や仕組みも醸成《じょうせい》されてきたのである（一時期は資源循環の制度説明が足らず、割り箸が欧米のミュージシャンなどから使い捨て文化と批判されたこともあったが、林業における間伐材《かんばつざい》や端材の利活用という意味では、環境的にも評価され得る慣習といえるだろう）。

毎年、付け替えられる古い日本家屋の簾《すだれ》や葦簀《よしず》などのように、夏前の風物詩として刷新《さっしん》される生活のための品々、真夏にだけ存在し、段々と木材や竹の色が変わり、シーズン後には撤去されていく海の家や、京都の夏の風物詩である鴨川《かもがわ》の川床、正月の注連飾《しめかざ》りや酒蔵の杉玉と同じように、それらは季節に合わせて、自然から授かる素材を活かしながら作られた様々な設《しつら》えが、毎年新しく刷新されるときの潔さなのである。

そのため、筆者は、「なぜ、（隈研吾氏は）ここまで木を使っているのでしょうか？」という質問については、「日本人はおしなべて白木が好きだからでしょう。その方が多くの人々の共感を生む。事実、この馬頭広重美術館でも完成時の評価は非常に高かったと聞きます」と答えている。

実際に隈研吾氏設計のこの建築が出来上がったばかりの頃は、その細い白木の角材を表面に塗膜《とまく》のない無塗装（表面的に白木を削ったばかりのように見せて）で使用したことは、格子や簾のごとくに美しいと、大いに評価され、伝統的な日本の木の文化を現代に蘇らせた新しい事例として、名建築のごとくに語られたものである。

そのような好印象が脆《もろ》くも根底から崩れ去ってしまったのが今回の「腐る建築」事件であり、短期に木が傷み、腐朽してしまったまま放置されたその無惨な姿は、完成して数年間の間に受けた多くの賛辞、人々の賞賛や感動を、かえって大きく踏みにじる結果になってしまったのである。

そのためか、人々の木と建築に対する関心は高く、「神社やお寺の白木造りは大丈夫なのに、なんであの建築は傷みが激しいのか？」といったような質問も相次いだ。

それに答えるには、いささか遠回りではあるが、日本の風土的特徴とそこで培われた建築技術や工芸技術についてまず語る必要がある。しばしお付き合い願いたい。

日本の風土的特徴

高温多湿で多雨というモンスーンアジアの気候風土と同時に、周囲が海に囲まれた島国である日本列島においては、無限ともいえる海からの水蒸気による降雨のため、水源が豊富で植物の生育にも適し、夏の高温時には熱帯性の植物さえ繁茂可能である。同時に盛んな火山活動や造山運動の結果生じた峻険《しゅんけん》な山々は低気圧と高気圧、低温と高温の大気のぶつかり合いによって、ほぼ常にどこかで雨が降っている。日本列島の弓形に重なるように梅雨前線が発生するのもそのためである。

冬期はそれらの雨は雪へと変わり、積雪で2メートルは優に超えようかという、世界有数の多雪地域も抱えている。

その結果は、かつて鎖国時代には出島で、開国直後に来日した欧米の植物学者や博物学者らが驚嘆するほどの多種多様な植物や樹木の宝庫でもある。

そうした自然環境を背景に、我が国では地域ごとに樹木の活用と木の文化が育まれた。同時に、春雨、梅雨《つゆ》、五月雨《さみだれ》、穀雨《こくう》など、雨にまつわる言葉、季節や降り方や景色を指して雨の違いを現す言葉は400以上もあると言われるほど、我が国は雨の文化でもあり、生活の上では雨対策の文化でもある。

この高温多雨な気候では、いたるところに湿地や溜《た》め池を発生させ、湿気を生みカビや菌類にとって繁殖しやすい環境でもある。つまり、古代より日本の風土に住む人々の生活空間は、常に雨に降られ、水濡《ぬ》れ、耐候性に配慮し、水気と湿気に対する多岐にわたる知恵や生活習慣を育んだ。そのような伝統的技術・知識が衣食住をはじめとして、あらゆるところに浸透している。

それは命の危険もある食品の取り扱いに顕著《けんちょ》で、食材の腐敗に抵抗する塩漬けや干物といった手法、さらに同じ菌類による醗酵《はっこう》を応用した漬け物、味噌《みそ》や醬油《しょうゆ》、酒といった食品加工などである。

衣や住においては、水稲によって大量に採れる稲藁《いねわら》や、同様に塩分を含む田圃《たんぼ》でも収穫可能な「い草」、痩《や》せた土地でも育つ麻《あさ》といったように、主に湿地に生える植物の繊維を使用した畳《たたみ》や土壁といった内装やさらっとした麻の衣類も豊富である。

英語でＪａｐａｎと呼ばれる漆器も、製造工程には湿気が必要で、水分と反応して硬化するという漆の樹液の特性を利用したものである。

茅葺《かやぶ》き屋根に見られる先人の知恵

人々の生活空間を確保し、暮らしを守る家においても雨や湿気に対する多くの伝統的な対策が施されていた。特にもっとも雨を受けることになる屋根においても、多雨ゆえに豊富な湿原から大量に採取可能な、ススキやヨシという植物を使う。その細長い茎《くき》を乾燥させ、切りそろえて、何重にも重ねることによって屋根となる茅葺きが、我が国ではもっとも普及した屋根のつくり方である。

また、針葉樹の抗菌作用を応用した檜《ひのき》の茶色い皮を何重にも重ねて屋根にする檜皮葺などは、神社仏閣を中心に千年以上も受け継がれてきた屋根工法のひとつである。

茅葺き屋根の仕組みは、強めの傾斜によって雨水を上から下に素早《すばや》く流すことで水切れさせ、何重にも重ねられることによって屋根の表層を流れるのみで、屋根の中まで水が浸透することはないというものである。

同時にストロー状の茎が中に空気を抱え込み、断熱するだけでなく厚みをもった調湿素材として家の中の湿気を吸い、一定の湿度に保つ効果もある。

湿度が60パーセントを超え、温度が20度以上で活発に活動し始めるのが、真菌のカビだ。

カビには猛毒やアレルギーなどを引き起こす病原性もあるため、冷蔵や冷凍技術のなかった時代には、食品の保存は日干しや塩蔵《えんぞう》以外にほぼ不可能だった。

同時に、建築自体が植物中心の有機物で構成される日本建築では湿気により建物そのものが容易に黴《か》びて、腐朽菌により侵されてしまうのである。

そこで、家の中では煙で燻《いぶ》し続け、抗菌や風化を防いでもいた。数百年の使用にも耐えながら、その素材であるヨシやススキは気候風土が同じである限り、湿地から繰り返し採取可能というわけで、永遠の自然循環の中に家の存在も建設技術も組み込まれているという素晴らしさなのである。

しかし、その一方で乾燥した植物の葉や茎というものは火には弱い、燃えやすいという大きな弱点があった。戦国時代の映画などでも火矢を放たれた屋根から屋敷が燃え出す描写があるように、一度火が付いた茅葺きの屋根は内部に火が入り込んでしまうと容易に消火することはできない。合掌《がっしょう》造りで有名な白川郷《しらかわごう》などで外から大規模に消火可能な発射型のスプリンクラー設備を備えているのは建物を守るためである。

燃えない屋根としては瓦《かわら》葺きもあったが、それは日本中どこでも入手可能かといえば、そうではない特別な仕様である。

白川郷の合掌造り家屋の前でおこなわれた放水訓練（写真：共同通信）

古代において、土を焼き固めた陶器である瓦屋根は、良質な粘土の採掘と焼成に大量の薪を必要とし、水の染み込みを防ぐほどの高い温度で焼き締める手法や釉薬《ゆうやく》の知識には特別な価値と最新の技術があった。そのため、一部の神社仏閣などに使用される贅沢《ぜいたく》な素材でもあったのである。

近世になって人々の生活水準が向上し、その生産性が上がるまではなかなか、一般の家屋には使われることは珍しいものであった。当時世界有数の人口を誇る巨大な都市に成長した江戸の町が、幾度かの大火を繰り返したことから、都市では燃えない瓦や漆喰《しっくい》などの火災対策として奨励され始めたことにより、徐々に一般化したものである。

太平洋戦争後の昭和時代でも、まだまだこの伝統的な茅葺き屋根の民家は普通に使われており、茅葺き工法もその素材も含め、滅多《めった》に新築されることがなくなってからまだ100年も経っておらず、保存された茅葺き屋根の建築が完全に文化財級の希少性をもつに至ったのは、まだこの50年くらいなのである。

つまり、我が国の国土と気候環境でもっとも入手可能で持続可能な植物素材と工法、それらの使用方法やディテールが、何千年という長い時間の経過の中で地域ごとに培われてきたものが、いわゆる古民家であって、その地域ごとの民家のデザインは一定の景観美や造形的秩序にまで至るのだ。

地域における街並みや建物の造形を決定し得たのは、経済的理由や応用技術の範囲が限定されていたことによってであり、長い時間の中で繰り返し自然発生的に建築の形式が揺《よう》籃《らん》され様式として確立し、踏襲《とうしゅう》されてきたことによるのである。

仮に木でつくろうが藁でつくろうが瓦でつくろうが、気候風土の中で長く続く、支障なく続く、費用や手間をかけないで続く、そうした建築様式が、それぞれの風土や地域で確立されていた。そのほとんどは豊富に採れる木材を前提に構成されていて、元々存在する日本の建築は木でつくられていても、数十年では決して腐らないし朽ちない。

定期的にメンテナンスを続ければ何百年でも維持が可能なものであることは、現時点で歴史が証明しているとおりなのである。木が悪いわけではない、というのが結論だ。

近代化が可能にした新しい建材

では、なにが「腐る建築」問題の根本原因であるのか？　という話になる。

それは、図らずも隈研吾氏という個人の建築家の意図というよりも、近代以降の建築の造形目的と、伝統的な木の扱い、木という素材表現の齟齬《そご》である。

それを理解するには、今度は、これまで述べた伝統的な建築手法とは対極にある現代建築を成り立たせている近代の建築の理論や哲学を知っておく必要がある。

またもや寄り道になるが、今度は、近代における建築技術の向上と、近代以降に顕著になった建築造形における表現と、その意味にまで、およそ200年ほど、時代を遡《さかのぼ》らなくてはならない。

まず、18世紀後半、英国に始まった産業革命以降の近代の産業や科学の発展により、建築の技術や工法に大きな革命が起きた。

それは、化学的に合成された新しい素材の登場である。

それまでの建築の素材は、欧州のような日本以外の国であっても、自然から採取し、切断や開鑿《かいさく》などの物理的な加工をすることで得られた。それは世界共通のことでもあって、そこで選ばれる素材は、まず樹木、そして石、土である。いずれにしても土地や土壌を元にして得ることのできる素材だ。

建築文化をつくる気候条件と生活様式

建築の外装は長い間、石や陶器（これもカタチを変えた石なのであるが）が最上のものとされた。その理由は経年劣化が少ないからである。数十年どころか数百年、千年以上も前の建築が残存しているのは、石を積んだ組積造《そせきぞう》ゆえであり、世界中の遺跡という遺跡は石でできている。我が国においても木造部分は消失しても石垣が残されて史蹟《しせき》となっているだろう。

そのように、建築の寿命とは素材に依存するものであるのだ。古代においても現代においても、多くの人力や資本投下を前提とし完成までの時間もかかるため、建築とはあくまで長寿命化することこそが、自明の命題なのである。そして、その条件下で入手しやすい素材と加工性、耐久性を追求した結果が、各地域の建築文化となっているのである。

石は遺跡になって残っていることから、もっとも古い建築素材と思われがちだが、日本を問わず欧米においても古代の住処《すみか》、建築の始原は植物の加工によるものだろうと言われている。

その証拠というわけではないが、非常にプリミティブな家の見本は、現在でも温暖な未開の集落で実行されているような、大きめの木の葉を屋根に活用し、床は地面の上にやはり植物の葉を敷き詰めるか、樹上に家を載せるか、樹木の枝で床組みすることで構成され、壁は小径の枝を編み込んだりすることで出来上がっている。

当然、こうした自然の植物素材が徐々に枯れたり脆《もろ》くなれば交換することで持続するし、そもそも狩猟《しゅりょう》が前提の移動生活を送っている場合には、移動先で同様な素材を入手し住まいは即製していくわけである。

作り方は巧緻ではあるが鳥や動物の巣作りと変わらない、作っては住み、壊しては移動する。そのうち毎回壊し作るのではなく、移動とともに運搬し移動先で組み上げるといったテント形式、モンゴルのゲルのような住まいも登場する。

乾燥地帯でみられる工法は日干し煉瓦《れんが》である。中東の砂漠《さばく》地帯では降雨量が少なく高温乾燥の気候を前提として、粘土と砂、植物繊維などを水で捏《こ》ねて枠に入れ天日で干したものを積み上げていく。煉瓦の壁面に日射をさえぎる小さな窓といった建築の造形はこの地域独特のもので、これらは基本平屋で高層化するわけでもないので、技術的裏付けなく生活習慣の延長によってでも強度や平面を確保し、集落の人間が数人集まれば、手作業で建設可能なものがほとんどである。

さらにしっかりした建築は、石積みである。石の加工や積み上げの技術には、作業中も危険を伴う。また、運搬や加工まで多くの作業人員を動員するために、指示伝達の手段も必要になり、設計や工法に構造的知識や重力に抗するだけの裏付けが必要になる。

そこからは、幾何学や物理的な計算などを駆使する専門的な技術者が登場し、工事作業を統率する監督など、組織立った建設集団の存在を必要とするようになっていく。

いずれにしても、建築は素材と物理的制限の中で、物と物をいかに繋《つな》ぎ組み合わせるかによって構成された。そこでは場所や素材を問わず、やはり屋根はなるべく傾斜を付けて水が浸透してくる前に、雨を受け流すことを前提として出来上がっている。

現代コンクリートの誕生

そうした地域や時代が変わっても雨を受け流すことを主眼においた建築を、大きく変えたのが産業革命以降の様々な発明である。

近代の化学的な発見や発明により、建設手法や造形を一変させたのが、可塑性《かそ》をもちながら硬化する素材の登場である。

それはコンクリートと合成樹脂だ。

建築を構成する構造の中では、天然鉱物の石灰石を化学的に処理したセメントを使った鉄筋コンクリート造と、石油の精製や合成過程での化学的な合成樹脂による防水素材である。それまでは、いろいろな素材の違いや形態の違いはあれど、板状や棒状、直方体やいびつな球体など、固体を積み上げたり、組み立てたりして建築はつくられてきた。

そして、固体の継ぎ目からの雨水の浸入を防ぐためには、瓦のように鱗《うろこ》状に重ね合わせることと水勾配《こうばい》を取ることとであった。

「重ねと勾配」は建築の肝であって、あらゆる建築の素材の継ぎ目に施されている。

屋根だけでなく、風雨を受ける箇所であれば、小さな窓周りにしてもそうであり、枠は微妙に外向きに傾斜し、窓のガラスの縁も同様に小さく斜めにしてある。

それは水を溜めない、水を侵入させない工夫なのである。

屋根の庇《ひさし》の下にあっても風といっしょに吹き込んでくる雨水もある。そのため吹き込みで侵入しようとする雨水や、表面張力により回り込んでくる雨水を、外に向かって流す、水の回り込みを止める忍者返しのような機能の「水切り」部材で耐水する。そのような「水切り」といわれる場所は建築物の壁面にはいたるところ、数多くできるものなのである。


いわば建築の防水設計、漏水対策とは、水の浸入を何段階もの水切りで外に逃がしていく処理の積み重ねと、その操作の知識であり、水切り部分のディテールが建物の劣化や汚れを防ぐという意味では、水切りこそが、設計者や大工の腕の見せ所であったわけだ。

中世ヨーロッパやローマ時代の建築が意外に綺麗だったり、劣化が少ないのは、石や漆喰といった素材の特性にもよるが、彫刻や装飾などと一体となった、この水切りのデザインのおかげなのである。

それが、近代になって、固体の組み合わせではない新素材、コンクリートの登場によって、継ぎ目のない構築物をつくることができるようになったというわけである。

近代化によるコンクリート以前にも、古代ローマ時代にコンクリートの技術は存在した。「ローマンコンクリート」と呼ばれる素材と工法で、古代より焼けた石灰岩の粉末にある炭酸カルシウムが水と反応すると硬く固まることは知られていたようである。

それがローマ時代には消石灰を焼いたものに火山灰などを入れ、石や煉瓦で造った壁の間に流し込む工法が発明された。

このローマンコンクリートは非常に強く、現代に残るコロッセウムや教会建築は当時の技術で造られたものである。このローマ時代の人工の石ともいえるローマンコンクリートは、その後1000年近くも忘れ去られており、ロストテクノロジーとしてそのやり方がわからなくなって、中世ヨーロッパは石積みの時代に逆戻りしてしまったのである。

その後、1700年代にローマンコンクリートの秘密を探る研究が始まり、1824年に現代のコンクリート建築に使われるものと同等の、「ポルトランドセメント」がイギリスで発明された。ポルトランドとは、イギリスにおいて石灰岩が採掘されていた島のことで、この石灰岩と同様な堅固な人工の石となることを念頭に名付けられたものである。

その後もずっと、現代のコンクリートのように、工業的に製造するセメントも、一般名詞として、専門用語でポルトランドセメントと呼ばれている。

コンクリートとはこの石灰岩を焼成し粉末にしたセメントに、砂や石を混ぜて水で練り、流体にしたものを型に流し込み固めたものである。

セメントの成分である炭酸カルシウムと水の分子が、水和反応という化学結合を起こし強固に固まり、いったん硬化した後は石と同等かそれ以上の硬度をもつ物体に変わる。

いわば人工の石なのである。コンクリートの板や造形物の中に鉄筋を入れて強度を増したものが鉄筋コンクリート工法であるが、圧縮力に強い硬いコンクリートに、引っ張り力に抗して切れない鉄筋を組み合わせることで、塊としての人工石以上の強度を発揮する。

ベニヤ板などで作られた型に流し込みさえすれば、壁や床といった薄板状に、しかも非常に強度をもった箱型などを作ることをできる。

この工法が、近代の建築の有り様を大きく変えていったのである。

このコンクリート工法の利便性とは、素材が固形物でなく現場で加工できるため、石造りの時代のような大きな柱や梁を、大人数で加工場から運ぶ必要もない。工事現場でセメントの粉末を水と砂砂利とを練って流し込むだけで、数日後には強度の高い構築物が数十年以上の耐久性をもって起ち上がるのである。

鉄筋コンクリートで造られた建築は、床も壁も梁も柱も基本的に継ぎ目なく一体化されており、コンクリートの流し込みの打ち継ぎというもの以外に、物理的な部品の継ぎ目が生じないのである。このことは、物と物の間に隙間ができないという意味で、気密性や防水性に優れ、初期の鉄筋コンクリートの登場時には船の製造にも使われたほどである。

化学素材によって簡便化する建築

その継ぎ目なしで一体化されたコンクリート構造物を前提とし、防水材と防水技術にも革新が起きた。

一定の粘性と充填《じゅうてん》硬化性能で被覆性能をもった化学工業由来の合成樹脂系の防水材が作られたのである。

１８９４年アメリカで「ブローンアスファルト」の製造方法が発明された。ブローンアスファルトとは原油を精製していったときに、揮発《きはつ》性の高いガソリン燃料などが先に採取された後に、その他石油精製物質が分離され、最後に残る粘性をもった常温では硬化する物質である。１９００年代に入るとこのアスファルトを、屋上や継ぎ目などの密封に使って防水化する工法が始まった。

その結果、建物の屋根に必ずしも傾斜をもたせ、雨水を受け流す必要がなくなり、水平面を造っても雨漏《あまも》りさせることなく、屋上に設けた側溝によって雨樋《あまどい》や排水管に繋ぎ込むことで、屋上を床として平らにしたまま防水できるようになったのである。

これは屋上の利活用を可能にした。

重なり合ったり組み合ったり雨水を受け流さなくても対応できるということは、それまでの雨水を流すための傾斜が必要なくなり、屋上を平らにすることができ、屋上で庭園や物干し場、設備機械の置き場などの利用ができるということだ。

同時に目に見える特徴的なことでは、屋根が平らな四角い建築が登場した。それだけではなく、気密性が高くなめらかで統一的な素材を使って、自由な造形が可能になったわけである。

人類が数万年、建築をするようになって数千年間は続いたであろう傾斜した屋根、建物の最上階の三角形状が取り除かれたことは、造形理念としても革命的だったのである。

さらに、金属の加工の薄板技術、圧延技術の向上もあり、大きな金属板を継ぎ目なく製造する技術も進んだ。こちらのほうは建築の屋上面で水平に近い緩い水勾配の屋根を実現することにも使われるが、金属板は壁面を覆う素材としても大いに発展していく。

均質化していく世界の建築

本来このような近代になって初めて実現した屋上の平らな建築造形は、近代化以前においては降雨量の大変に少ない地域、有名なところではエーゲ海の海岸に建つ白い階段状の町などにのみ見られた建築造形であった。

それが、防水技術の進捗によって、世界中あらゆる地域で可能になったのだ。

この防水技術こそが、近代建築の幾何学的な建築表現、近代の都市景観をかたちづくり、現代にまで続く四角いビル型建築の登場を可能にしたのである。

こうした建築の外部表面、建物を人体に喩《たと》えるならば外皮といってもいい外面の気密性の向上は、その一方で外観からはそれまで伝統建築が否応なしに纏《まと》っていた素材感をなくした。石積みなら石と石の継ぎ目、煉瓦造なら煉瓦と目地、板張りなら板目と押縁《おさえぶち》、土や漆喰ならば左官《さかん》の塗り跡や砂地といった、デコボコした部材の集合や、部材の重なり合いによってできる陰影やディテールを消去したのである。

結果として、近代建築のビルは白くのっぺりしたツルツルの抽象的な外観を、新しいもの、近代化の証《あかし》、未来の姿として好ましいものとして受け入れていった。現在ではこうした四角くデコボコの少ない、継ぎ目のないビル建築は、あまりに普通でどこにでもある特徴のない建物として、デザイン的にも価値がないかのように現代人の我々は思い込んでいる。そして、観光旅行などで古い民家や外国の古い街などを見ると、懐かしく味わいがあって美しいと感じていると思われるが、現代建築のプレーンで真四角で普遍的な幾何学《きかがく》形態こそが、近代の偉大な発明による成果なのである。かつて50年ほど前はこの近代化によって成し遂げられたデザインのほうを、新しく美しいものと全面的に肯定していたのである。

現代の我々から見ればなんの特徴もない、発信する表情のないビルの姿、顔のない建築こそが、技術革新の賜物《たまもの》でもあり、これがこの２００年間で大きく変わった建築の近代化による、一番大きな特徴なのである。

以上、二つの技術史的な視点から、建築の歴史的な社会背景を確認してみたわけであるが、もう一度整理すると、自然素材を切断や加工、何重もの重ね合わせを主とした職人技術で、雨が漏らない濡れない傷《いた》まない建築に構成してきた伝統技術の流れがあり、もう一つが近代以降に登場した全体を一体化したコンクリート構造に表面の被覆が可能な防水技術という、継ぎ目のない建築技術の流れである。中間的な存在としては鉄骨造に床や壁や天井にコンクリート板を貼ったものや、防水技術のもうひとつの手法である金属板で覆われた建築の技術がある。

一方は、伝統的な建設の技術に裏打ちされたもので、仕上がりとしては、ブツブツ、ガサガサ、ギザギザとした素材の重なり合いを表現した建築の世界、それらは地域を特徴づける外観の要素ともなる。

片や、近代化以降の科学技術によって生産された新素材による、ツルツル、ピカピカ、スルスルと一体に繋がった建築の世界である。こちらは、生産性や流通の利便性から、規格化され、地域を問わない普遍性からその特徴を消し去る要素となる。

ここまでの議論を通じてやっと、最初の問題「腐る建築」登場の謎解きが可能になってくる。

なぜわざわざ「木を貼る」のか？

なぜ劣化することを前提に木を貼った建築の外装が現れたのかについてだが、それについても、ここまで議論してきた伝統的な建物の手法と、近代化された手法についての比較解説を踏まえて初めて理解できるだろう。

我が国は豊富な木材と雨、多湿をいかに克服するかに建築の技術と造形に力が注がれてきたことは前述のとおりである。

いよいよ、我が国における代表的な建築素材、木の話に移るが、日本では、針葉樹の中でも直伸性の強い杉を、数十年ごとのサイクルで育て、伐採後は葉枯《はが》らしという過程を経て乾燥し製材して使用する。杉は生長が早い分、枝分かれや芯ずれも生じやすいために、頻繁な下枝落としや下草刈りなどの管理を必要とし、放っておいては良質な製材とならない。

そのように手塩に掛けて50年ほどで育てられた木の伐採と植林とが交互におこなわれることで、用材は維持されてきたのである。毎年、春先になると杉花粉症に悩まされる人が増えて、悪玉のように扱われる杉であるが、日本における杉の山林は自然発生したものではなく、ほとんどが、将来に使う予定で植林された木の畑なのである。それが、国産材が使われなくなり、林業の衰退《すいたい》と山の荒廃によって問題化しているのだ。

建築における用材として重宝されている杉であるが、柱や梁材としての強さがある一方で、表面は傷つきやすく軟らかいため、人の手が触れる場所でも使える室内のインテリア材としても活用された。

その結果、我が国特有の「真壁《しんかべ》」といわれる工法、柱や梁材の間を土壁や漆喰で塗り固めながら、柱や梁をそのまま見せる手法、構造部材でもありながら目に見える軸組仕上げ表現として、日本間の意匠《いしょう》の特徴となっているものである。

それと同時に我が国の雨対策は湿気対策、カビ対策である。たとえば、屋根の下は閉鎖した壁ではなく、開放可能な障子などの建具によって簡単に開け閉めできるようになっている。

床に敷き詰められているのは、稲藁やい草といった植物の茎繊維を織り込んでできた黒い縁をもつ四角い畳であり、これも素足が触れる柔らかさと、湿気を防ぐ吸放湿性を期待したものである。

日本建築における木の文化とは、この長い試行錯誤の歴史的結果なのだが、現代人がこうした家や環境づくりの積み重ねの結果を教育もされずその流れを知ることもなくなってしまった結果、単に木の構成や畳の幾何学を、視覚情報としてだけの日本建築の特徴と認識してしまっており、瓦屋根や外装に木を貼ったものが、日本建築のビジュアルデザインなのだと記号化してしまうことになる。

地域の特徴を取り入れる手っ取り早いデザイン

事実、そうなってしまっている。

繰り返しになるが、近代とは過去の数世紀もの間、人類の弛《たゆ》まぬ努力の結果、自然への人工空間確保の対応が、科学技術によって劇的に更新された時代なのである。

その結果、外部空間と内部空間を遮断する技術が進み、人工環境を成立させて、建物内部を外部の気候から、変えることを可能にした。

小動物や昆虫の侵入を物理的に遮断するのはもちろんのこと、雨水を遮断し防水する、熱気を遮断し冷暖房で空調する、湿気を遮断し乾燥、調湿する、空気を遮断し清浄化し換気する。そのような技術を進化させ、世界各国のあらゆる気候条件や自然環境に対し、均質な人工環境を提供できるようになった。

そうすると、近代のオフィスビルや集合住宅は、北欧などの寒冷地でも中東の灼熱《しゃくねつ》の砂漠や蒸し暑い東南アジアでも、カーテンウオールのガラス張りビルを可能とし、同じ都市風情を醸し出し、人工的な造形表現が成されている。

これまで述べてきた建築をかたちづくってきた歴史的条件とその対応方法とは、気候風土から派生する文化的側面から素材や形が収斂《しゅうれん》してきたものだった。その一方で近代以降の科学技術により生まれた素材や形は、生産性からも規定されているといえる。

結果として、機能重視の近代建築は日本中の庁舎や学校、駅や病院、オフィスや商業施設といった建築の姿を普遍化してしまい特徴のないものとしていく必然性があり、事実高度成長期には日本各地にそのような普遍的な建築が建ち続けた。

それらが築後50年ほどを経て建て替えの時期が到来している。そのときに高度成長期に見られたような日本中の地域を同じ生活レベルに引き上げ、同じ行政サービスを維持するといった最低限の目標だけでよしとせず、地域性や伝統的なイメージを附加《ふか》し、地域創生の機運も高めたいと思う首長や地方議員も多くなっている。同時に林野庁の国産材を奨励《しょうれい》する補助金政策もあり、日本中に戦後植林されながら伐採されていない杉の利用が、地域素材として大義名分化できる効果もあって、とにかく木を使おうという動きに向かっている。

そうした背景が、現在の建築生産の原則に則りながらも、極端な造形的冒険なく、なにか地域の特徴を附加したいという建築デザインの手法を求めることに繋がる。

建築本体への工事費は普遍的な規格建築の延長として廉価に抑えながら、なにか手っ取り早く地域の特徴を付けたいというファストな考え、それが、現代建築の表面に、日本建築の視覚的記号、イメージとしての木材、というラッピングの手法に繋がっていくのである。

「腐る建築」問題とは、現代人の社会に最適化した生産性の高い普遍的な技術や素材で出来上がる普通の建築に、いきなり技術的接続性のないまま、地域性や伝統的建築でできたかつての日本建築の素材要素を、ただ単に見た目だけの、視覚表現だけをもとめて、気安く木の素材感を、建築に被せてしまったことによる、技術史上の矛盾の結果なのである。

変化する公共施設の目的

なぜこのようなこと（近現代建築に伝統日本建築の視覚的要素を接ぎ穂するようなこと）が起きているのかというと、それは公共施設の建設目的が変わってきているからである。

戦後の日本社会は、復興の名の下に日本各地を均質に近代化することに努めた。国全体の産業を第一次産業から第二次産業へ、軽工業から重工業化へ脱皮することを主眼として、臨海部には重化学工業のコンビナートや港湾を整備し、全国の主要都市に高速鉄道や高速道路を通し、物流を合理化、都市へ人材の流入を図り、人の流れを促進した。

同時に人材育成のために全国の学校を整備し、公的住居の整備もおこない、国民全体の生活の底上げを目指したのである。その間、各地には、それまでなかった様々な公共施設が整備されていったのである。

まずは市役所などの庁舎建築や、学校建築に始まり、市民病院、図書館、美術館、博物館、市民グラウンド、体育館、プール、バスターミナル、市場といった諸施設は、地域住民には大歓迎をもって受け入れられていったのである。

現代の再開発における是非を問う集会や、公共施設建設反対運動などといったこととは、無縁であり、これまでになかった住民サービスや公共サービスは人々に生活や文化の向上をもたらしたのである。

その後、40年、50年を経て、現在そうした高度成長期の公共施設の老朽化や、機能の陳腐化による更新の時期がおとずれているのは事実だ。

しかしながら、それらの施設機能や必要性が社会状況の変化により、市民意識と乖離《かいり》し始めているということも実情として存在する。

今、日本各地で起きているのは少子高齢化の影響による公共施設の統廃合や廃館の議論である。既に学校建築はこの20数年間で全国で８０００校におよぶ廃校が出現している。それは20代以下の人口が減少し地方だけでなく都市の小学校でも1学年が1クラスに満たないという情勢だ。それにともない地域人口も減っており、公民館や図書館の利用者が減少するだけでなく、地域産業の縮小で就労者や維持管理の財政負担も大きくなっていく。

そうした中で公共サービスは町村合併なども含む地域の統廃合によって、管理施設の削減を課せられているのである。地方都市ではかつてのように徒歩圏に公共サービスを持続させることが困難になり、かつての行政区を越えた遠隔地に統合を進めていくほかないというのが実情だ。

公共サービスの縮小と財政負担の減少を目的としながら、そこでカバーするエリアは、地域圏はさらに拡大していくという矛盾である。

統合される公共施設予算は、以前にも増して余裕はなく限られており、地域独自の予算だけでは足りず、国の様々な補助金や支援制度を組み合わせて活用するという複雑な計画起案を必要とし、そうした情報と企画書作成に長《た》けた元省庁出身のコンサルタントや、シンクタンクの助けを必要とするようになった。

それは、各市区町村の首長にとって、選挙のことを考えれば公共サービスの減退を言うわけにはいかない立場があり、苦肉の策として、廃館する施設の代わりに、新しい施設が準備されるかのように装う必要があるからである。

人口減少時代の多目的公共施設

日本中の市区町村では利用者の減少した公共施設で、相乗り可能で相性がよいものを組み合わせるやり方をとってきた。図書館と文化施設とか保育と学習支援施設、といったようにだ。しかし昨今は集約化を急ぐあまりに、なんでもかんでも乱暴に組み合わせる傾向が見られ始めた。

たとえば地域文化会館と図書館と保育施設といった施設をまとめてどうにかするために、多世代交流地域文化施設といった、総花的でなんにでも活用できますの体《てい》をとった施設目的を掲げて予算取りをする。

音楽や演劇の発表の場でもあるホール、博物館という展示施設、図書館と学習支援施設、幼児保育支援、子育て支援といったものが、一緒くたにされたものとなる。

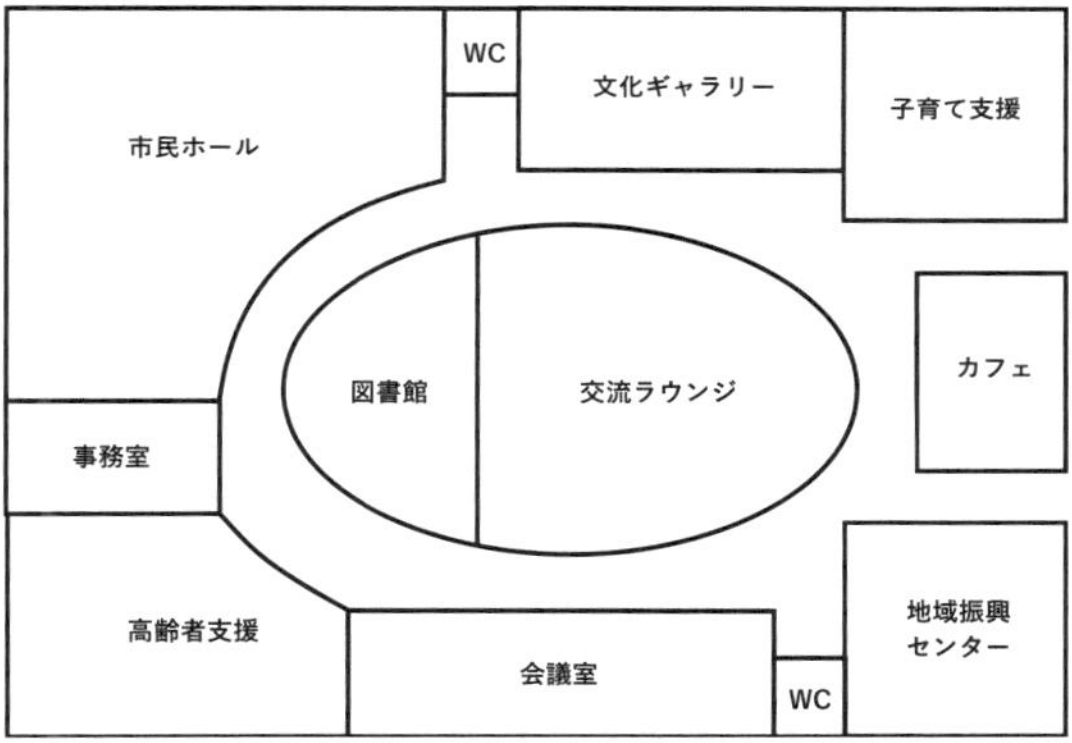

多世代交流地域文化施設の平面事例

そこで問題になってくるのが建設物の規模と機能に加え、建物の姿だ。

これまで近代の歴史において、施設には施設ごとの機能に合わせた形状やアイコンがあった。ホールといえば無窓の大きなボリュームと大勢の人の出入りを吸収するホワイエとエントランス空間。それを素直に解くと造形的に窓のない塊としての建築の前面に、ガラス張りのエントランス部分がくっつくという、ホール特有の建築のカタチがある。

同様に図書館も直射日光は御法度《ごはっと》であり、美術館、博物館も同様だ。

そのためこれらの施設は閉じた大きな箱をいかに親密に人に優しく感じさせるかが、建築意匠上のテーマとなる。

たとえば時計塔を設けてみたり外壁には細かく凹凸を施し、窓を思わす陰影をつくり、陶板や煉瓦といった暖かみのある素材を用いたものが多く、閉じた部分に対し入り口付近では大きな庇やガラスの箱のようにより明るさを強調していたりするのが一般的である。

一方、学習支援施設や保育施設では、子供達のことを考えればできれば平屋、高さも低く2階建てといった低層建築を主体とし、アプローチから草花を植え、歩道も演出し、入り口から施設内部に至るまでできるだけ視認性の高い、明るい自然光を求められる施設となるだろう。色彩も淡い暖色に一部原色を使うなど子供達の情操教育との関連を意識したものとなる。

この大型の閉鎖型施設と、小型で低層の開放施設をひとつにまとめてなんとかしろ、となるのが、事例の多世代交流地域文化施設の実態なのである。

言葉では、老いも若きも子供も大人も学生も母親も赤ちゃんも同時に利用できて、お稽古事や楽器などの発表会、様々な文化体験や映像資料の視聴もできて、読書し学習し、子供を預けたり、育児指導も受けられる施設、と簡単に便利そうに、書くことができるが、現実はそうはいかない。

相矛盾する施設要素、活動能力や利用頻度も異なる施設を統合せよ、という無理難題なのである。結果として、帯に短し襷《たすき》に長し、といった施設となるだけでなく、施設規模としても矛盾する結果となる。

多世代交流地域文化施設はなぜファスト化するのか

まず、行政区の統廃合により遠隔地をカバーしているため、自家用車や公共交通機関やタクシーでの来場が前提となり、広大な駐車場や入り口への車寄せなどが配置される必要がある。駐車施設入り口から離れた駐車スペースでは、悪天候時には雨や風で濡れたりと、来館が大変になるだけでなく、入り口までの距離が幼児や高齢者には、不便かつ危険なアプローチを生む。

次に動線計画が非常に複雑になるか、各目的施設までを大きな共用ロビーや廊下で繋ぐ必要があり、入り口の位置関係や階数によっては、建物内部でも真逆の方向にまで、遠くまで歩かされることになる。足の不自由な方や幼児・高齢者にとってエレベーター、エスカレーターを上手く経由しなければ目的の場所に到達できなくなるのだ。

そのような施設の機能的矛盾をあげればキリがないが、そもそものような多目的かつ大型の公共施設をなるべく予算をかけないで建てるとなれば、まずその目的が非常に困難になるだけでなく、素材や仕様もより広汎《こうはん》で普遍的なものとせざるを得なくなるのである。公共ホールだから重厚にとか、幼児施設だからやわらかく優しく、といった施設機能に合わせて特化した素材使いが難しくなる。

外観デザインについても同様で、何をメインに据えたらよいのか、建築のアイコンとしても目的が絞り込みづらくなるのだ。結果として、開放的である、安全・安心である、市民参加型である、といった無難な方向と同時に、地域に根ざしたとか、環境に配慮した、とかの通り一遍の紋切り型の建設テーマが浮上せざるをえなくなってくるのだ。具体的にそれらをそのまま実行すると、開放された通路や縁側的ベランダ的空間で周囲を覆い、内部には無目的かつ多目的な利用が可能な広場やホールの増加、いくつもの通り抜け動線や経路と入り口という構成になってしまう。

結局のところ建築の表側、裏側といった表現上のメリハリがなくなり、全体に均一に仕上げを施さざるを得なくなり、入り口は豪華にとか、劇場としての雰囲気づくりなどの、空間構成に対する優先順位が付けられない。

予算配分においてもメインとサブの傾斜配分ができなくなっていく。

それが、建築デザインのさらなるファスト化に正当性を与えてしまうことになるのである。建築物のデザインの特化性はなるべくなくす、特殊な素材は避ける、補助金を取りやすくする、工事を簡易にする、説明を容易にする、といった結果、導き出されるのが、無難な普遍化した工法を優先的に採用し、そこに簡易な方法で特徴をつけるという考え方である。

前述した現代的な工法で簡単に建てながら、伝統建築の視覚イメージを付けたいというファスト化に通じる話である。建築物を身体と捉えるならば、骨組みや筋肉を鍛えボディを作り込むのではなく、表面に纏《まと》う衣の部分で勝負するということになる。

そこでは、近代化で登場した新建材などの安定はしているが普通の建築仕上げの上から、表現のためだけの異種の素材を貼り付けるというやり方が採られる。

或《ある》いは、建物の周囲がすべてグルリとバルコニーのような外部通路で取り巻かれ、建築のデザインを表現する場所が手スリと庇のみという構成である。

そこでもやはり、日本の建築文化の表現や地産地消で地域を盛り上げるという大義名分が乗りやすい地域材の使用という提案は非常に便利であり、そのときの木の使用方法はやはり、伝統的工法や素材加工を前提としたものではなく、現代的な処理を施された建築の上に、そうした木の薄板を単に貼り付けるという視覚的表現を標榜《ひょうぼう》することになる。

それが昨今増え続けている、建物の表面に木のスノコを貼ったり、手スリの桟《さん》を木にしたり、庇の裏側だけに木を貼るというデザイン処理になるのである。

そしてこうした、表面的に過ぎない木の使用は、SDGsの実践ということで、関係者全員が一致で「日本の木の文化を表現した、木を貼る」を支持してしまうという選択に繋がってしまうのである。

安易な建築思考がもたらす悲惨な結果

その結果、木造建築の上棟式での美しさは数年を経ると色が変わる。白木は雨ざらしの状態では、木の内部に含まれるリグニンと言う成分で早々に紫外線で茶褐色に変色することはよく知られている。次の段階で木部の色は灰褐色に変わるが、雨水を受けても水切りさえ良ければ早々に腐朽することはない。

それはかつての神社仏閣においても見られたもので、全体の木部が経年とともに退色するが、それは建物全体での長い時間をかけての変化であるため、数十年を超えてもなかなか風格のある全体で枯れた色にはならない。また、いったん風格を得た建築はその姿が数百年を経ても変わらない段階に入るのである。

そのような木の特性を押さえることなく、近代的手法の建築の表面に、安易に木部を貼り付け風雨にさらしてしまうと、ガラスや金属部分がまったく変化なしなところで、薄い板のみが、どんどん色を変え、退色し、一部が煤《すす》けて、デザインとしてもミスマッチなだけでなく、木の傷み方はより強調され、悲惨な印象を受けるようになる。

ならば、伝統的な木造建築の知識や技術を元にした現代化を図ればいいのではないか、という考えもあるが、つまり伝統建築の手法を用いて現代化という方向になる。

宮大工の技術でビルを造れ、とか左官の技でコンクリートを造形しろ、ということだが、これはこれで、非常な技術的希少性と、工芸的価値を兼ね備えたものとなり、いわば高級料亭の贅を凝《こ》らした料理のようなものである。税金を使い広く多くの人に提供せよという公共施設のあり方にふさわしくないということになる。

それでは、そもそも公共施設の趣旨にそぐわない。

むしろ今の時代に入手しやすくかつ廉価でありながら、十分な機能性を発揮し一定の公共ニーズに合うものを、適正価格で建設するということが本来の公共施設のあり方である。

それが、公共施設の建築要望の本命であり、安全安心な強度と耐震性に省エネルギーを満たす断熱性、そして維持管理費用が少ない無駄のないプランや素材を選択するのが正統だからだ。

しかし、現在の建設状況で、その目的を強く推し進めてしまうと、結果としてそのような現代建築は郊外のロードサイドに建設されていくドラッグストアや大規模小売施設に採用されているような、規格化された箱型建築にたどり着くのだ。

それでは、地域の顔になる新設の公共施設や庁舎建築ではあまりに寂《さみ》しく、また施設の個性も特徴も出せず、施設アイコンとしても弱くなってしまうということに繋がる。

そこで、登場する妥協的手法が、廉価な建築のフレームに、各地域の特徴を持たせ、同時に施設のアイコン化も図れるような妥協的建築デザインとして、ラッピング的な表層表現が主流となってしまう運命にある。

「腐る建築」で問題になった諸施設は、そのような社会的背景の中から、現れるべくして現れたものであり、2000年以降に顕著になってきた建築のファスト化、建築の表層表現の行き着く先といえるだろう。

第二章　商業施設のファスト化

商業施設のはじまりは百貨店

建築のファスト化はそもそも商業建築で起こり始めた現象だ。我が国の社会で商業建築の歴史を概観すると、やはり高度成長期に行き着く。

戦前までの大型商業建築は大都市のごく一部にしか存在しなかった。

その始まりは1905年（明治38年）の三越呉服店が全国紙に掲載した「デパートメントストア宣言」なる全面広告の掲載といわれており、「米国におこなわるるデパートメント・ストーアの一部を実現いたすべく候事」と表記されていた。同時期に高島屋、白木屋、松坂屋といった大店の呉服店が陳列形式の商業空間を標榜《ひょうぼう》し始めたのである。

いわゆる百貨店のスタイルを確立したのが、高級感溢《あふ》れるルネサンス建築様式を採用した三越の日本橋本店である。建設は1914年（大正3年）のことであった。

現代まで続く「格式の高い場所」としての百貨店の登場である。

三越日本橋本店には、日本初のエスカレーターとエレベーター、全館暖房、防災施設のスプリンクラーなどの最新設備を備え、屋上庭園やレストラン、茶室に展示室、音楽堂など、その豪華な店内は、富裕な顧客をさらに豊かな気持ちにさせた。

日本橋三越本店（写真：共同通信）

憧れのライフスタイルや新しい文物、美術工芸品に触れる機会でもあり、いわゆる余所《よそ》行きの素敵な洋服を着て出掛ける場所であった。

豊かさを象徴する品々を拝見し体験し購入する。またその豊かさを享受できる人々と交流する機会を提供することを念頭に計画されたわけである。

この百貨店形式は瞬く間に日本中の大都市に、やはりその多くが地域で呉服店を前身にもった百貨店の建設が始まるのである。

老舗《しにせ》を彷彿《ほうふつ》とさせる「○○屋」と名乗り、高層化されたルネサンス様式の洋館が日本各地に開業し、大いに賑《にぎ》わい、人々の贅沢《ぜいたく》を招来することとなる。

鉄道駅のターミナルデパートの登場

また、新たな商業施設の台頭もあった。大正、昭和にかけて、民間鉄道会社の起業や発展によって、駅の始点や終点には電鉄系のターミナルデパートなるものも登場した。

大阪梅田の阪急デパートがその嚆矢《こうし》であり、ベッドタウンと都市を結ぶ電鉄の駅がそのまま、百貨店と接続した形式だ。

通勤通学の往き帰りの商品購入や、休日の娯楽を丸ごと提供するその形式は、電鉄会社による駅の設置と運行ダイヤ、宅地開発にも連動し、沿線住人の増加とともに、大きな消費を生み出し、都市とともに沿線は大いに発展していった。

現在でも東急百貨店、西武、東武、小田急、京王、京成、近鉄、阪神、京阪、名鉄、などが駅前に百貨店を持ち、街の顔として君臨しているのは、この私鉄沿線開発のときからなのである。

それらの百貨店は太平洋戦争中の窮乏期や大戦末期の都市爆撃により、廃業や甚大な被害を受けてしまったのだが、戦後の復興期には街の復興のシンボルとして次々と建て直されていき、高度成長期には、近代的なビルとして蘇《よみがえ》った。エレベーターが何本も並び、エスカレーターがキラキラと光る照明のある吹き抜け空間を上っていき、ガラス張りの外装や屋上の遊技場、地下の広大な食品売り場、高級ファッションブランドと化粧品が並ぶ高い天井の1階売り場など、定番の空間構成はさらなる発展を見るのである。

街の中心市街地がそれまでの城下や県庁、市庁舎から、人々の移動の中心である駅前に移り、駅前ロータリーからの市内バスや乗り換えに利便な場所を商業の中心地として電鉄系の百貨店が占めることになっていったのである。

百貨店は日常を離れた贅沢な空間だった

その頃までは百貨店の建築は、豪華であること、最新であること、明るくあること、高級であること等が求められ、何種類もの大理石を床や壁に貼り、金属部分は金メッキや磨いたステンレス、照明も細かな光源を散りばめたシャンデリア、隙間から光が漏れる間接照明を多用し、人々に豪奢《ごうしゃ》な空間体験を提供し続けた。

庶民にとっては高根の華の高級ブランドも、今は買えないかもしれないが、近い将来なにかで成功したなら、会社で出世したなら、いつか買うつもりでショーウィンドウを見て回るだけで幸せな気持ちになれたのである。

スーパーマーケットの登場

この百貨店という商業モデルは、高度成長期以降の一億総中流と呼ばれるぐらいに、人々の生活レベルが向上したことによって、高級路線から、より庶民的な中流レベルにまで拡がっていく。

スーパーマーケットを母体とする高級百貨店の廉価《れんか》版ともいえるタイプの商業店舗の登場である。

売り場店員をなくしたセルフサービス式の大型スーパーマーケットは、食料品、日用品から始まり衣料品や家電まで取り扱い品目を増やしていった。

より庶民的な存在としては、ターミナル駅からさらに私鉄沿線の駅ごと、新設されたバイパスや国道の整備により生まれた幹線道路至近の場所に続々と建設されていった。

百貨店のようなルネサンス様式の石造建築を模したデザインではなく、戦後のモダニズム建築を象徴とする白やベージュに塗られた四角いスッキリとした建物に、スーパーマーケットの店舗ロゴマークを貼り付けた塔屋が目立つ形式である。

各地域で庁舎建築を超えて、もっとも高層な建築となっていく。立体駐車場やボーリング場、ゲームセンターなどの遊戯施設をも備え、街の活気を象徴する存在となった。

高級路線か庶民対象かは別として、商業建築に新しい素材や技術が投入され始めたのもこの頃である。自動ドア、全館空調、エレベーターやエスカレーターなどは、地方都市においては、スーパーマーケットを通じて、初めて目にしたり、体験したりといった日本人は多かったのである。

この百貨店形式のスーパーマーケットは、時代を牽引《けんいん》することになる。各地方都市の人口で5万人規模の町であれば、かならずといっていいほど、3階建てぐらいの旗艦店舗が存在していたであろう。

それらは、デザイン形式の違いはあれど、地域の立派なランドスケープとして、街の顔として計画されたのである。

バブル崩壊で衰退する百貨店建築

この商業建築のあり方が徐々に変化し始めるのが、バブル崩壊以降の2000年初頭の頃である。

バブル時代には誰もがハイエンド商品を楽しめるような気分が支配し、百貨店の売り上げは頂点を極める。

同時に最上階の催事場は高級な工芸品や美術品までを扱い、美術館なども設置されるようになっていた。百貨店の拡張も続き、劇場やコンサートホールなども併設され、結婚式場やレストランとも連携、各地のリゾート開発などにも乗り出していった。

同時に建築デザインにおいても、海外の著名な建築家を起用し、それまでの様式建築を模したものではなく、オリジナルな建築作品として建設されるものまで登場した。

しかし、その栄華も長くは続かなかった。

バブル崩壊以降の急速な経済の減衰、平成不況と呼ばれる時代になり、高級百貨店の売り上げの急速な減少や、バブル期の過剰な設備投資、土地投機の失敗などの影響で、資金回収や調達が不可能になっていく。そごうの経営破綻を筆頭に、次々と閉店する老舗の百貨店が増えていく。こうした百貨店や店舗用地をめぐる経済事件も続発した。各地域でも百貨店、スーパーの閉店や撤退が相次ぎ、地域唯一の百貨店やスーパーが閉店されるといったニュースも続発したのがこの頃である。

郊外型大型量販店、大規模専門店の台頭

百貨店の低迷と相前後して郊外に進出するあらたな業業建築が登場した。バブル期の都心や中心市街地の土地価格の高騰により、やむなく郊外に移り始めていた宅地開発や商業エリアの拡散と相まって、ロードサイドショップの台頭が、人々の話題にのぼるようになる。

郊外型大型量販店、郊外型大規模専門店の登場である。

家電に特化して激安をうたい文句に、新製品を廉価で販売しポイント制や分割払い、下取り、まとめ買い割引などの、サービスアイデア勝負が始まったのもこの頃である。

また、購買における大きな変化として、それまで富裕層のみのイメージのあったクレジットカードが、当時やっと庶民にも一般化してきたこともあり、店舗のポイントカードと

も連動した気軽さが受けた。高級品であったはずのオーディオ、パソコン、大画面テレビ、オーブンレンジといった家電製品も、定価の数十パーセント割引で販売され、自家用車で小一時間かけても郊外に買い物に出掛けることによるお得さ、楽しさが拡がり始めたのである。

駅前商店街の衰退

既に、駅前などの旧中心市街地の専門店は百貨店やスーパーマーケットの台頭により、一部の個性的な軽飲食や居酒屋などといった外食店舗以外は、閉業が続いていた。人々の購買行動の動きが、都市の中心ではなく外へ向かいだしたのである。街歩きを楽しむ商店街のそぞろ歩きや、ウィンドウショッピングといった行動は、徐々に減っていき、シャッター商店街と呼ばれるような事態が日本各地で見られるようになる。売り上げの落ちた商業店舗は後継者からも敬遠され、高齢化した店主がこれまでどおりの問屋仕入れを続けていては、益々品揃《しなぞろ》えや価格設定で消費者のニーズともかけ離れていくことになる。

観光客も呼び込めるような活気ある商店街というものは、都心にも極一部の限られた存在となり、繁華な街においても洋品店、洋服の仕立、靴、カバンといった日用品や金物、工具といった商店は、みな郊外の大型店舗に顧客を奪われていった。

残された店舗はビル化して上階の賃貸経営でやっと成り立つような事態となったのである。このバブル崩壊以降の、ロードサイドの郊外型大型店舗から、いわば商業施設のファスト化が始まっていくのである。

ファスト化する商業建築

まず、ロードサイド店舗でもっとも重要なことは、高速道路との接続性である。ロードサイドの大型店舗を成り立たせているのは、どこよりも安くの謳い文句を実現する、大量仕入れと大量販売である。

メーカーや問屋と交渉、もしくは自らが問屋ポジションとなって、メーカーに一括大量購入と引き替えの廉価販売を促す。

その多大な商品販売量をこなすためには、想定顧客範囲の対象エリアを、市や県をまたいで、自家用車で1時間程度にまで拡大設定することになる。そうすると、幹線道路だけでなく高速道路やバイパスも利用可能な至便性が重要になってくるのである。

その場合、できれば店舗の存在を、高速走行中の自動車からでも視認性を確保しなければならず、建築物をデザインしたり、緑地に凝ったりしている場合ではなくなる。

昼夜を問わず周囲からも目立つような、大型の高層看板の設置が必須であり、その場合の視認性は原色の多用に頼るということになる。

郊外型の大規模店舗の看板デザイン

商業施設本体のデザインに拘《こだわ》る前に、赤か黄色かその両方をつかったロゴ入り看板の設置を優先していくことが重要になるのだ。

そのため、郊外の幹線道路は、道から商業店舗の看板だけが居並ぶような景観となっていくのである。

しかもその看板は販売品目や企業をひと目で理解させる単純なものでなくてはならない。

結果として、ラーメンチェーン、牛丼チェーン、ファミリーレストラン、回転寿司といった庶民性の高い廉価な外食チェーンに混じって、各大型販売店も勝負しなくてはならなくなる。

つまり、業態や販売物の価格の多寡や高級、低級といったサービスの差による立地の差別化はほぼ不可能であり、居並ぶ看板の情報という意味では、フラットかつ平等な視覚的な訴求力の勝負が展開されることになるのである。

アイコン化、看板化する商業建築

これは、家電に始まり、続々と各専門店の大型郊外化におよび、洋品店、紳士服、新車ディーラー、中古車、携帯電話といったあらゆる領域に及んでいく。国道16号線の商業ロードなどは顕著な例である。

そのとき、商業建築そのものも、看板化していくことになる。

ロゴデザインと呼応した色彩や、わかりやすい単純な配色が求められる。赤か黄色かオレンジの多用、緑と赤、黄色と紫、など、お互いが反対に目立ち合うような補色の関係で出来上がっているデザインが多いのはそのためである。

それらの店舗は色彩こそ単純ではあるが、意外なことにバブル期に台頭したポストモダン様式の建築デザインで出来上がっているものが大半を占めている。

ポストモダン様式とはどのようなものかというと、ポスト＝後に来るもの、モダン＝新しい近代、という意味である。これは端的に言えば、モダンの後に、モダニズム様式の後に続く様式、という意味であり、モダニズム建築への批判として台頭したものである。

モダニズム建築はいかなるものだったかといえば、単純幾何学の立体形式で、色は白やグレーであり、ガラスやサッシュの金属のシルバーという色に象徴される単純かつ抽象的デザインであった。しかしオフィスビルや官庁建築、学校や病院やマンションで、モダニズムデザインが普及し続けた結果、世界中のどの都市でも同じような風景、反射ガラス張りの単純な幾何学が支配するような街ばかりになった。

そこでポストモダン建築は、メッセージ性や地域の歴史表現の意味も薄れてしまった現代建築や、その街並みに対し、歴史的形状、地域を象徴する色や形、建築経緯の物語性を付与しようという考えを表明したような建築様式として登場したのである。

具体的には、近代の科学技術の進展で開発されたコンクリートや鉄骨などの構造方式は使用するが、古い伝統建築の形を模すような外観デザインにする。新建材を用いながら石造りや木造建築の石垣のラインや板張の素材の切り分けを踏襲する。地域に残る伝説を元に、お伽噺《とぎばなし》や鬼伝説などの舞台を再現する、といった様な建築デザインを標榜していた。

建築デザインの意味を分かりやすくした、いわば、建築デザインの大衆化といえるだろう。現代から見るとその経緯も結果も陳腐化してしまい、その意図も効果も読み取れなくなってしまったが、当時の著名な建築では磯崎《いそざき》新《あらた》氏によるイタリアの広場建築を模した、つくばセンタービルや、ギリシャの巨大な列柱を巨人の模型のように置いた隈研吾氏によるM2などが知られている。

大衆化したポストモダン建築としての商業建築

このポストモダン様式が郊外型大型店舗では店舗のブランディングに流用される。

建築デザインを大衆化するという意味では、時代の状況と、分かりやすい建築形態によって、店舗やブランドの印象を強めたい、という潜在的な需要に見合ったともいえるだろう。

戦国の武者兜《かぶと》を模したラーメンの「どうとんぼり神座《かむくら》」、和風の数寄屋《すきや》建築を宙に浮かせる「和食さと」、廃材を蓑虫のように貼り付けた「びっくりドンキー」、みな店舗に自社イメージと同時に、単純に分かりやすく、特にファミリー層の顧客である児童にも分かりやすく、覚えてもらいやすい造形的アイコンを表明しているのである。

こうした郊外型店舗群が道路の両サイドで視覚的に競い合うことで、郊外のイメージが出来上がってきているといえるだろう。関東ならば千葉、埼玉、神奈川、関西ならば大阪南部、滋賀、兵庫の郊外では、こうしたロードサイド店舗の競演が見られる。

それらの、原色の看板だけの街は、ファスト化といえども、まだおもちゃ箱をひっくり返したような、ある種の脳天気さ、楽しさといったものが表現されていた。郊外で慎ましくも楽しく暮らす若いファミリーの象徴でもあったろう。

同時に都心での生活ではさらに不便さや厳しさを増し続けており、特別で高級を望むのではなく、堅実で普通の身の丈にあった地に足のついた生活を標榜する世代からの、バブルに浮かれ、虚栄を謳歌《おうか》した時代へのアンチテーゼといえなくもないだろう。

バブル期以前の老舗や高級ブランドの街づくりと比較した場合、一見、ファスト化されたように見える郊外のロードサイド街ではあるが、そこには新たな街のイメージが存在している。

アイコン化され記号化された情報の提示が、つまりは建築デザインの主眼となったともいえるだろう。

つまり、商業店舗のファスト化が進んでいる郊外ではあるが、個別の建物には、それぞれの商業目的に応じた建築性やデザイン性が、いささかキッチュとはいえ、存在していた。その商業建築の存在自体がファスト化していくのは、ロードサイドの専門量販店の次に展開するさらに大型な商業施設、大型商業モールの登場が要因となる。

大型商業モールの登場

そのきっかけは、「まちづくり3法」の施行である。

改正都市計画法および中心市街地の活性化に関する法律（中心市街地活性化法）は1998年に、大店立地法が2000年から施行された。

改正都市計画法によって各自治体で特別用途区域の指定をしやすくなり、大店立地法によって1万平米以上の大型店舗の出店を可能にした。

中心市街地活性化法については、活気を失いつつあった駅前商店街や空洞化が進む中心市街地に対し、自治体からの認定で国が支援をおこなうという制度である。

それまで、大規模な商業店舗の出店は地域における小規模な中小店舗の経済活動を脅かすことのないよう、様々な規制がかけられていたのである。

しかしながら、モータリゼーションの新興で幹線道路沿いでの利便性の向上、旧市街における道路が狭い、自動車駐車場がない、新規出店がやりにくいという、古くから地域の商業組合的な要素も強い商店街に対する不満もあった。

同時に、バブル経済の好景気の中で、人々の購買欲も増し開発意欲の盛んな時期でもあり、農地の転用や産業構造の変化によって工場が閉鎖されたり海外に移転し始めたりしたのもこの頃である。

大型商業モールの原型は1950年代の北米で、自動車社会と郊外の発展を背景としたものであり、50万㎡という巨大な街とでも呼べる規模の商業モール開発もおこなわれている。

そのような一歩先を行くアメリカ型の商業モールをお手本にして、日米構造協議や規制緩和など、バブル期一連の内需拡大政策方針にも沿っていたものである。その頃までの大型大規模店舗が想定していた商圏、高速IC間という顧客市場エリアをさらに越えて、県

イオンモール草津（撮影：筆者）

をまたぎ来店のための移動時間が1時間を超えるような、さらに広範囲の消費者規模を想定して郊外に建設された大型商業モールの登場である。

イオンモールや三井アウトレットモール、ららぽーとなどがそうである。

それらの商業施設では、単体の建築としてのデザイン性は、さらに後退することになった。

それまで商業ゾーンですらなかった農地や撤退した企業跡地、行政が工場誘致を当て込んで想定していた工業団地などに進出した大型ショッピングセンター、商業モールは、新設の計画道路や拡幅された3車線、4車線道路を前提とし、周辺街区などの既存の街すらもたない遠隔の立地に建設されている。

郊外からさらに離れた場所まで、周辺の10万人規模の市町村をまたぎ、県境も越えるような位置に計画されていくことになる。

もとは田畑や工業用地ということは、周辺に建物すらなく、さながら地平線に突如現れた巨艦、矩形《くけい》の建築には窓も装飾もなく巨大な倉庫のような存在感を放って立ち上がっている。大量の自家用車両を駐車させることと、うまく顧客を店内に導き入れるために、平置き駐車場よりも、立体駐車場に車両台数の重きが置かれている。

商業モールとしての外観は地上6階、7階の高さを持ちながらも、ほぼ箱状の立体には駐車場の水平なスリットと、傾斜路しか視覚情報のない、グレーの建設物が目の前に立ちふさがるのだ。その姿はかつての港湾や空港近くにしか見られなかったようなトラック流通のための保管倉庫や流通のターミナルセンターと同様の規模と外観である。

街を越える超大型商業モール

大型ショッピングモールとは、経済産業省に届け出義務のある3万平米以上の店舗を指すが、現在我が国にある大型商業モールは、そのほとんどが10万平米を超える面積規模であり、越谷《こしがや》レイクタウンのように30万平米を超えるような規模のものも存在する。

平均的に200店舗ほどのテナントを収容しており、大型のモールでは700店舗を超えるテナントを収容しているところすらある。

これまで建築物のなかった郊外の農地や工業用地に、新設の道路に応じた広い街区を全面的に活用して、大型の流通倉庫と同等の規模の無機的な建築が最新の商業施設の姿なのである。

実際に倉庫ならばグレーの工業素材のままにされているだろう外壁パネルが、最低限度の装飾として薄紫や薄ピンクなどで塗装されていることが唯一のデザイン処理だ。

かつて高度成長期に見られたような少しの建築性もなく、塔屋や窓状の建築表現などは施されていない。

また、バブル崩壊後の郊外ロードサイドの大型量販店舗にあったような、独自のブランディングアイコンやなにかを模した形状も、ディテールも素材の切り替えや色彩コーディネートもなく屹立《きつりつ》する。入退場の混雑や渋滞を避けるために多くの警備員を動員して立体駐車場へ案内する姿が道路脇に続いている。

立体駐車場と流通倉庫のような巨大建築

　そして巨大な建築に付随する駐車場や建物の接道面には、庭園と呼べるような植栽や休憩できるようなミニパークや花壇もなく、申し訳程度に植えられた細く小さい街路樹の苗木に、アスファルトで舗装された駐車場が拡がるばかりなのである。

　ここに商業施設のファスト化は極まったというにふさわしい光景だ。

　これらの大型商業モールは広い幹線道路からのアプローチを前提としているため、そもそも既存の街や周辺住宅が存在しない場所を選んでいる。

　そのため、商業モールそのものにはもはや、周辺の街並み、景観への配慮や連続性という文脈は存在しない。

　むしろ巨大な建築物を廉価に建てるため、コスト意識は極限まで高められており、8メートル前後での柱間隔で正方形グリッドを基本とする建築平面は、もっとも経済的な建築構造から導き出されたものである。その均質な柱の並びに、立体駐車場の斜路の上り下りを計算した階高でフロアが構成されている。壁面には窓はなく、災害時の消防活動のための侵入口の赤い三角のマークだけが目につく存在である。

同時に流通倉庫のような四角い建物のメインの入り口は、多くの場合、片側にしかない。そして、裏側となる面からの通り抜けアプローチには、まったくデザイン処理のない通用口や搬入口を兼ねているケースすらある。

同様に駐車場から店内のアプローチには劇的な演出を設けた吹き抜けやホールなどもなく、いわばスタッフ動線と同様の、楽屋的な空間であり見事なまでに味気ない。駐車場からの専用エレベーターやエスカレーターでの店内入場は、まったく素っ気ないものである。

顔のない建築

これまで日本の近代化１００年を通じて、百貨店からスーパーマーケットや郊外量販店に至るまで、社会状況や経済状況に応じて変化展開してきた商業施設の、建築的演出というものが、皆無なのである。

しかしながら、商業モールの真価はそこではないのだ。

駐車場の裏入り口やエントランスからエレベーターやエスカレーターを経て内部に一歩足を踏み入れてみれば、印象は一変する。

窓のない閉鎖的と思われたはずの商業モールの中には、実に明るく開放的と見まがう小さな街区のような商業施設の並びがある。巨大な箱の中には、人工的な環境に整えられた、アーケードやガレリアのような商店街が組み込まれているのである。

それらの店舗はモールの中の人工の通りに面し、建築の柱など構造的に規定された、間口の幅や天井高に区切られているものの、各店舗が自社のデザインアイコンを競い合い、ショッピング空間が完全に内部化されている。

内部化する大型商業モールの建築ファサード

つまり、いったん建物の中に呼び込んでからが、商業空間の情報発信の本番なのである。そのため、各地域の大型商業モールは、建物内部を吹き抜け化するなど、2階、3階まで見通せるような構成など、一目で色取り取りにデザインされた十数軒のテナント店舗の様子を、視認できるようにプランニングされている工夫も見られるのである。

そもそも、これら大型の商業モールは、大店法施行から始まったもので、当然のことながら地域に誘致、進出された時点では、エリア最大級の規模である。

その誘致決定は議会等の承認を得て、市長や町長などの目玉政策として、エリア内の住民には、報道や噂《うわさ》や口コミによって非常に知られている。各地域で情報が広く流布された大型商業モールは、建設以前に周知されるだけではなく、工事中の頻繁な工事車両の出入りもあいまって、徐々に立ち上がる巨大な鉄骨の姿さえも、建設行為が宣伝期間のようなものなのである。物理的にも高速道路や鉄道、新幹線など、遠くからもその存在がうかがえる規模だ。

オープン前に既に、エリアの潜在顧客には大型商業モールの完成日時も周知されているような状況で、もはや建築の形態表現や看板などを使って、その存在を発信して告知や誘《ゆう》因《いん》する必要もなくなっている。

大型商業モールに無用の建築のパッケージ

そのことは、商業モールの建築そのものが消費者の関心対象ではまったくなく、その中に誘致されたチェーン店群こそが消費者への訴求力なのである。

しかもそれらはナショナルチェーンがほとんどで、これまで各地の報道やテレビのバラエティ番組、SNS等で、噂やブランドや店舗情報をいやというほど消費者は見ており、場合によっては目玉メニューすら知っている。それまで行ったことがなくてもだ。地域になかったブランドでもあるため期待度は高く、オープン前から、顧客にとっては、あらかじめ来店目的対象として認知されているのである。

つまり、大型商業モールは、巨大ながらんどうでいい、空間としてただ存在していればよいもので、その大型商業モールの大箱が、建築として視覚情報を発信したり、造形的に訴求したりする必要性も、審美性もまったく必要ないのである。

実際にこうした大型商業モールは、地域の顔として来場者に建築の印象を残すこともない。もちろん観光地に育つこともない。

自宅近くにできた商業モールも近県の商業モールも、旅先の商業モールも、その規模の差以外に、イメージが変わることはない、むしろイメージを変えてはいけないからである。

大型商業モールは自律した建築ではなくプラットフォーム

大型商業モールの外観とは、できるだけ箱型であって、立体駐車場棟が隣か上階で繫がり、本館に接続する。

敷地のほとんどは舗装されたアスファルトであり、エントランスと視認できるような建築様式など、造形的情報が少ない代わりにモールの名を示すマークや、シネコン併設の場合は、封切り中の映画タイトルなどが貼られている。この入り口周囲の十数メートルの範囲のみが、多少のデザイン意識をもった建築外観となっている。

当然のことながら開発時に要求されるであろう緑地比率などは、低木やグランドカバー植物で確保しているだけで、小さな森のような緑の空間や公園緑地など、街の景観や憩《いこ》いを形作る意識のない計画となっている。それら敷地周囲は、自動車による来場者にとっては通過するエリアでしかなく、歩行者もモールの敷地周辺で佇《たたず》むよりも、一刻も早くモール内部に入場したいわけである。特に夏の酷暑や冬の寒冷時には、モールの内部空間が、屋内化されたパブリックゾーンの役目すら果たしている。

そうした意味では、自動車交通の要衝《ようしょう》に大型商業モールがあることが、中心市街地が衰退した地方都市では、人々の交流と逃げ場のようなもので、顔のない巨大な箱型建築があることに、違和感をもたなくなってしまっているのである。

付近住民も地域行政も、空洞化する既存の中心市街地から離れた場所で、周辺環境と無関係に起ち上がる巨大な箱型建設を、それが大型商業モールであるならば許容するどころか、大歓迎する。

大型商業モールとはその箱自体で表現された建築ではなく、建築として完結する自律した存在ではない。モールの中に何が入っているのか、ということが一番重要であって、いわばコンテンツを入れるプラットフォームなのである。

建築本体に表現すべきメッセージやイメージを持たないという意味でも、これが商業建築のファスト化の行き着く先ともいえるだろう。

チェーン店のファストデザイン

それならば、その大型商業モールの中身、施設内の通路の両サイドに展開するモール内部のテナントのラインナップを確認してみよう。

まず全国チェーンのカフェ、中華、イタリアン、ラーメン、うどん、カレー、餃子《ぎょうざ》、和食、とんかつ、唐揚げ、焼き肉、焼き鳥、軽食、ドーナツ、シュークリーム、アイスクリーム、ハンバーガーといった飲食店が並び、ファストファッションのブランドが十数店舗、チェーンの古本にリサイクルショップ、家電量販、ペットショップ、生花、靴、100円ショップ、クリーニング、楽器、書店、生鮮食料品を含むスーパー、パン、酒店、ヘアカラー専門店、整体、輸入食品雑貨、ドラッグストアといった店舗が軒《のき》を連ねている。

これらはかつてなら、地域ごとに存在した商店街の個人店のラインナップと同じともいえるだろう。

しかし、それらと異なるのは、大型商業モールの進出に合わせて、全国区で出店可能な企業組織であるということだ。

かつての商店街のように、街や店ごとに販売しているものが違ったりすることもない。飲食店も平準化されており、駅近だから味は二の次とか、自宅兼店舗で家賃がないから大サービスできる、といったような極端な当たり外れがあるということもない。

初めての街でどの店に入ろうかというときに、失敗することもあれば意外なほど美味しく廉価な店に出会うことがある。

そういう出会いを求めて、初めての店に行くことも、旅や出張、引っ越しなどの醍醐味《だいごみ》であったものだが、昨今はＳＮＳの発達で、ネットの口コミによって、どの地域でもオススメの外食はすぐに見つけることができる。

そういった意味で、宝探し的な外食の趣味は成り立たなくなってきており、最近の顧客は初めからある程度の予算と評価、その答えを知っておきたいわけである。

大型商業モールに出店できるような資本規模のチェーン店の数は、全国でも限られており、日本中ほぼどこに行っても同じということがメリットなのである。

地方から進学のため上京し、就職でまた別の地方に移ったとしても、同じチェーン店やブランドであれば、同じ価格帯で、同じような商品や同じ味に出会うことができる、もはや失敗はないのだ。

どこでも同じというのがチェーン店の魅力

同時に、こうしたチェーン店のほうが働く人の求人もしやすい。

人手不足の昨今、飲食店や小売業で働いてくれる人やアルバイトを探すのは、若者の人口減少もあり、地方都市では益々至難になっている。

ネットやスマホで求人を探す働く人にとって、見たことがある、知っている、行ったことのあるチェーン店のほうが、心理的にエントリーしやすいのが本音であろう。

オーナー店主ではなく、企業から派遣されている店長であるため、店ごとに癖があるということも少ない。作業上のマニュアルも整備されており、業務の評価や人間関係で悩むことも少なく、安心なのである。

かつてのように強烈な個性の飲食店で働くことで、味や経営を学び、暖簾《のれん》分けを含めて独立の機会をうかがうといった働き方は求められていない。むしろ、同じオペレーションで綺麗《きれい》なユニフォームも支給され、アクシデントやクレーム対応もマニュアル化され、臨機応変の判断を求められたりしない。働く一個人への心理負担も少なく、時間どおりに働くことのほうが魅力に映るということでもある。

このどこでも平均値というチェーン店のスタンスは、匿名性《とくめい》の高い店舗空間の中でも重要だ。

必要以上に干渉されることなく目的の食事や飲み物のみで静かに過ごしたい、コミュニケーションや気晴らしは、スマホの中でSNS越しの匿名の友人のほうが楽、そんな考え方をする人が増えている。

強烈な個性が売りのオーナー店主とのコミュニケーションや、何かの趣味やこだわりの強いメニュー、店舗イメージ、内装であるよりも、もっと気軽かつ個人の時間を持ちやすい空間が求められているともいえるだろう。

席の個室化、お一人様専用店

昨今、もっとも印象深いのがお一人様向けに特化した商業店舗である。

その草分けとして、九州発祥のラーメンの、味わいに集中することを売りにした人気のラーメンチェーンがある。

この店舗には一号店の手造りの店舗で模索した「味集中ブース」という考え方がある。本来ラーメンという外食は、顧客回転が命で、カウンター形式に座り心地が良いとはいえない丸椅子、たとえ二人連れで来店しても、空いた席から分かれて座ってもらい、食べたらすぐに帰ってもらうというのが常套《じょうとう》である。

そのカウンター形式に個室感覚を取り入れたことが画期的であった。

それまで周囲から好奇の目で見られることが嫌で、一人でラーメンだけを食べに行くことに抵抗のあった若い女性客にも、来店してもらうことに成功したのである。

店のつくりは薄暗いホールの形式を取り、食券の購入から自動化され、来店時の店員の挨拶も自動音声だ。

座席は入り口ホールに空いた席を電光掲示板で示すようになっており、カウンターに向かう客の後ろ姿以外は見えない構造となっている。

カウンター正面には簾《すだれ》が掛けられて、店員からも顔は見えない。照明もカウンター上のラーメンにのみスポットが当たるような形式であり、追加注文も紙とペンと呼び出しボタンによって声を知られることもない。

まるで自動食事システムともいうべき近未来のＳＦ（サイエンスフィクション）のような店内風景であった。

このような内装には大変面食らうと同時に、視覚イメージの発信という店舗の持つ内装デザイン機能が、そこにはなくなっている。

建築デザインのファスト化を越えて、デザインの喪失ともいう状況だ。

これは、同時期に台頭してきたマンガ喫茶、ネットカフェと同様の、個人が占有できる最小限の匿名空間の確保を目的とした、新しい都市施設ともいえる現象であった。

この味に集中するためのカウンターを中心とした、完全匿名を目指した店舗の形式は、特許出願もなされているという触れ込みであったが、このような個席型の飲食店はその後もカフェや、壁に向かったカウンターでひとりで焼き肉をすることができるチェーンなども登場している。

しかしながら、そのラーメンチェーンのように、一つずつの席とブースを互いに目隠ししてまで匿名化を徹底している店舗はまだない。

店舗としてのインテリア空間の演出すら不必要と考えて、顧客ひとりひとりに確保された空間をいかに効率良く店舗平面に充填《じゅうてん》するかが設計上の勝負にもなっている。建築デザインとしてはファスト化しているのかもしれないが、人間工学的にはひとつの高みに達しているといえなくもないだろう。

そして、このチェーン店を後日思い返してみると、やはり店舗の外装や内装デザインの印象はなく、もはや看板でもない、店舗のロゴマークのみが強烈に印象に残るのである。

チェーン店のファストデザインを支えるフェイク建材

通常の全国チェーンの店舗の場合、コーポレートカラーやブランドカラーを使って、ロゴマークデザインと同様に、内装デザインが全国統一で固定されている。

その結果起きることは何かというと、内装に使われる建材の統一と大量発注である。

外食産業の中で20以上のブランドと業態をもつ日本最大の外食グループ企業があるが、そこではFCも含め全国に５０００店舗以上を開業している。

ロードサイドの建築店舗から商業モール内のテナント店舗まで、同一ブランドであれば、同色、同素材で内装のデザインが統一されている。

内装に使われる壁のパネルやカウンター、入り口周りなど赤から橙《だいだい》、黄色の暖色系や木目調の素材が使われているが、これらが各建材メーカーへは指定色や指定素材となり、全国数百店舗ともなれば納入する建材メーカーにとっては安定した主要顧客のひとつということになる。

そうなってくると、メーカーもチェーン店からの固定化した依頼素材を中心に、他の商材を開発し、他の一般商材のラインナップにも反映しながら商品開発するようになる。

結果として、大手チェーン店の指定素材を扱えることが経営上の強みとなり、以前は存在した多様な地域ごとの建材メーカーの淘汰《とうた》が進んでいった。

それは、巷《ちまた》に流通する建材の種類が絞られてくることに繋がる。

店舗の内装で要求される建材の機能とは、まず建築基準法上の内装規制である不燃性である。不特定多数の人が出入りする店舗では、住宅の内装などに比べて防火対策が非常に厳しくなるのだ。

飲食店ということで衛生面、清掃のしやすさ、汚れにくさ、抗菌性なども建材に要望される重要性のひとつである。

もうひとつ、内装工事費用をできるだけ落とすことができるように、現場でのカットが少なく取り付けの手間を減らし作業性をよくする大きさや、配送時の規格寸法の検討も重要だ。

そして納品前や現場での保管中に、劣化や破損のないような硬度や耐水性なども要求される。

つまり、一般の個人住宅で求められるような、自然木材の風合いとか、手仕事の良さを残した左官仕上げ、現場での養生や次の工程まで待ち時間の多い塗装仕上げなどは、ファストフードのチェーン店では避けられるようになる。

結果として、合成樹脂系の素材で、着色やテクスチャーを付けることもできる薄い板が主流の素材になっていくのである。ポリ合板やメラミン樹脂化粧板と呼ばれるものがそうであり、建材市場はそのタイプの建材を製造できるメーカーの寡占状態に近づいている。

薄い板でありながら表面のデコボコや木目の筋なども表現可能で、艶《つや》の有り無しも調整でき、硬度の高いメラミン樹脂の薄い層と、フェノール樹脂という燃えない薄いフィルム状の樹脂に、印刷紙の重ね合わせによって、木目でも石目でもなんでも、ぱっと見ただけでは本物とフェイクの区別の付かないぐらい素材表現が進化している。

現在、日本中の店舗の内装の仕上げ面積の90％以上はこのメラミン化粧板か不燃性の石《せっ》膏《こう》ボードにビニルクロス貼りという仕上げが、担っているといってもいいであろう。

国内どこでも入手が可能で、持ち運ぶにも軽く、汚れにくく、貼りやすい。ということは内装工事の作業効率を大幅にアップし、工事費も工期も短縮できるのである。

こうしたフェイク素材の進化により、かつてなら費用も時間もかかる無垢《むく》の木材を削り出し内装していたような高級ホテルであっても、消防法の要求度の高い大型店舗や不特定多数の人々が出入りする映画館や病院などを含め、あらゆる現代建築の内装を支えているのである。

その一方で、木に見えるけどメラミン化粧板、石に見えるけどメラミン化粧板という状況は、本物の素材生産者や、加工技術や仕上げ技術をもった造作大工や石工の職を奪うことになった。すっかり、本物の素材を扱える技術をもった昔気質《かたぎ》の建設職人が減ってしまい、職人そのものの人手不足の事情もあって、必ずしも内装コストの削減だけを目的としたファスト化ではなく、他に選べる素材がないという状況も現在の工事現場では数多く見受けられる。

廉価であるということを理由としてフェイクの化粧板が選ばれることも多いが、その一方で、本物の自然素材が仮に高価なものであっても、素材色や模様の不安定さや、衝撃による傷つきやすさ、湿気や紫外線などによる変色や劣化などを受け入れることができない場合、フェイク素材のほうこそを選ぶということも起きている。不燃かつ硬度も高く模様や色味についても安定しているからである。

飲食店の選択で既に確認されていることだが、ファストフードを選ぶときの顧客マインドに「安かろう、そこそこだろう」という理由だけではなく、「失敗したくない、安心な選択」という性向もまま見受けられる。それと同じように、建築工事や建材選択の場でも「失敗したくない、安心な選択」という現象が起きている。

かつての簡易な事務所建築や農作業小屋などで見られたような、プリント合板やカラー鉄板、波板というキッチュでフェイクな素材を、ただ単に安価だから使っているんだという理由ではなくなっているのだ。むしろ、フェイク素材ならではの安定性、平均的な安心感、最新の技術が盛り込まれた機能素材としての良さを評価し始めているのである。

また、十数年以前の店舗オーナーや建設業のプロと違ってきているのは、当時は建設の目的と、客単価やサービス内容に応じて「本物の良さは知っているけれども、本物ならではの管理の大変さを考えた場合に、そこまで稀少《きしょう》で高価でなくともよい」という、ピンからキリまでの広範囲な素材知識と、その効果と意味と費用を前提した判断があった。

だが、ファスト建材であるフェイク素材が巷に満ちあふれた結果、これからの顧客や建設業者は、これまで体験した店舗や建築空間において、木も石も何もかも本物の素材を見たことも取り扱ったこともない、という世代にかわっているのである。

つまり、フェイク素材がフェイクではなく、それこそが一番よく見るリアルな素材となっているのである。「木目調の人工素材」ではなく、「木目を印刷したものが建材」という認識である。

そのような、建築と素材の関係が、現在、急速に進んでいる商業建築のファスト化と一体となって、どのように影響を及ぼしていくのかは未知であるが、現時点で分かっていることは、益々そうした本物に触れる機会は我々の日常から消失していき、フェイク素材はさらなる本物感へと進化していくことだろう。

そのときファスト化した建材を本当にファスト化と呼べるのかどうか、「本物の素材という指向」という、その考え方こそが、日常から非日常のフィクションの彼方に遠ざかっていくのかもしれない。

その証拠に個人の趣味が良くも悪くも反映され、建築の法制限も緩く、注文しだいで本物の素材も使用可能な住宅工事の現場においても、こうしたフェイク素材は当たり前となっており、むしろ傷つきにくく汚れにくいあのチェーン店の素材と同じにしてほしい、といったような要望が、供給側のハウスメーカーではなく、顧客のほうから出て来るという。

住宅の営業マンからすると、素材選びの選択肢が少なくなり着工までの打ち合わせ期間も短縮できて、願ったり叶ったりなのであろう。だが、こうしたフェイク素材の弱点として、傷つきにくく汚れにくいだろうが、それでも傷つき汚れた場合には、本物の素材がもつ経年に対する風格、古民家がもつような骨董《こっとう》的価値といったものは生じない。

そもそも、そういった風合いに触れる機会がなければ、その良さも価値も分からないままであるのは自明である。

このことからも分かるように、良くも悪くも合理的選択と大規模に大資本が投下される大型商業建築の世界は、現在、日本中に展開し、その空間ではもっとも先鋭的なファストな建築デザインがおこなわれ、人々の体験を通じ、無意識にファストな建材への親和性を流布しているのである。

最初期の商業店舗であった百貨店が、人々に贅沢や豪華さを建築空間の中に広めていったのと同様に、現在の商業店舗を代表する大型商業モール内のチェーン店は、人々に安価で通俗な建築空間を広めているともいえるのである。

商業建築の人々への影響は大きく、そこがファスト化に転じたことで、日本人のライフスタイルのファスト化は、住宅建築や生活空間にも及んでいくのである。

第三章　住宅のファスト化

都市型狭小《きょうしょう》住宅のファストデザイン

都市の中に、ずいぶん細長い住宅が建てられているという実感はないだろうか？間口が駐車場ギリギリの3メートル強、玄関はその駐車スペースの奥に位置する。いわゆる京都によくある小間口の町屋や長屋でもなく、都心の古い商業地の連棟長屋ですらない。

街区の都市計画指定では、住居専用地域と思われる2階建てが多く建つ住宅地の中に、あくまで一戸建てではありながら、細長過ぎるのである。

敷地と敷地の間は、人が通れるギリギリの隙間を互いに設けてあり、ネットフェンスやブロック塀で仕切られている。その隙間分50センチを両側に加えて、土地の大きさは4mぐらいの幅であるケースが多いだろう。

これらは元々の土地が、何かの理由で小さく残されていたものではなく、そのほとんどはかつて庭付きの一戸建て住宅の土地を、さらに半分や3分の1に切り分けて計画されたものなのである。

そのような土地は、都心のターミナル駅から10駅以内の30分圏内によく見られるもので、昭和40年代に分譲されたと思われる。築50年程の住宅が建っており、相続時期を迎え相続税の支払いや、家族は既に他の場所やマンション等に居住している、元の家を維持する気のない遺族によって売却されたケースの土地に多い。

そこをさらに分割しているのは、宅地の再販売のための苦肉の策なのである。

昭和時代の庭付き一戸建て住宅が収まる100坪敷地

元の家は、15〜20メートル角ほどの100坪（約330㎡）ぐらいの土地にガレージと門に塀、庭があって南向きの二階建て住宅という構成であったろう。50数年前に連載が始まった「ドラえもん」や「オバケのQ太郎」といった藤子《ふじこ》・F・不《ふ》二雄《じお》が手掛けたマンガ作品の舞台になるような家である。

このタイプの家は、大都市近郊でも地方でも似通った規模と形状であり、玄関を入って応接間や和室の広間をもち、奥に台所と居間が連続するような間取りで、2階に子供室が一つか二つあるといった構成である。

これを2階建てではなく平屋で展開したものが、さらに一世代前、大正から昭和初期に建てられたような「サザエさん」の家であり、立派な門や塀に囲まれ、土地の広さは2倍ほど必要とするが、部屋数や延べ床面積は同等である。

これらの家は、かつては平均的な中流家族の生活を想定していたものなのだが、現在、多くの大都市近郊において、これほどの規模の家ですら、一般には購入が難しい状況になっている。

一般的に、住宅に必要な建物の広さは、用途のほうから積み上げていくと、玄関2畳、応接室8畳、和室広間は10畳（押し入れ含む）、キッチンダイニング8畳、居間8畳に加え、トイレ・洗面風呂で5畳程度であり、納戸や廊下なども含めこれらを総合すると、50畳くらいになる。これを坪数に変換すると25坪であり、さらに子供室として6畳の部屋が二つあるということならば20畳前後を追加して、全体では35坪程度の家になる。

1坪とは不動産や建設業界では一般的な単位で、畳2畳分の広さのことであり、メートル単位に変換すると3・3㎡である。

よって35坪ほどの家とは、120㎡ぐらいの面積であり、ここにガレージが20㎡ぐらい加わり、倉庫などを配置すれば、ちょうど330㎡の土地のうち、半分ほどを使って家が載り、残りが庭ということになる。

住宅地における建築の制限では、一般的に建蔽率《けんぺいりつ》といって、土地の上に建物を建てられる面積が、50％から60％と決められていることが多い。その場合の容積率《ようせきりつ》という建物の床面積の合計を決める制限は100％程度であろう。

土地の区画が100坪、約330㎡ということであれば、建蔽率が50％の制限がある場合には、約半分の165㎡程度の建物を載せることができる。

さきほどの一般的な住宅の1階面積にちょうど当てはまるということからも、法律の制限は、それが決められた時代の戦後の既存住宅地と、その生活要望の実勢に即して決定されたものと推察されるのである。

家庭という言葉が示すように、本来、快適かつ健康な住処を考えた場合に、「家」と「庭」は一体かつ必須のものと考えられてあり、土地の一部を庭として空けることは、電気設備や空調装置が普及するまでは、採光や通風の上でも快適性や健康を担保するには望ましいものであったわけである。

庭付き一戸建て100坪敷地の分割

その「庭」が現在の家庭からは失われつつある。

それは都心部においては、土地価格の上昇により庭を設けることができるほどの住宅地を取得できないという事情による。

前述のように、35坪120㎡ほどの家を庭付きで構成しようとするならば、100坪330㎡の土地が必要になる。現在、東京や大阪、名古屋の大都市ならばそういった土地は1億を超える金額となる。23区内であれば4億、5億という金額だ。

そのような金額で住宅を取得できる世帯は完全なる富裕層であって、一般的ではない。

しかし、かつて戦後すぐに宅地開発されたような、23区内にあった元畑とか元山林の住宅地の多くは、高いからといってそれだけの事業価値を持つとは限らない。

一見して住宅地であっても、用途地域の変更や広い道路に面し、容積率や建蔽率が緩和され拡大しているならば、高層のマンションなどに活用可能であり、デベロッパーにとってはすぐにでも入手したい土地だ。

しかし、建蔽率や容積率が住宅地専用のままである大型の土地では高度利用が不可能で、何億円という評価額のままで一戸建ての用地として買う人も希《まれ》である。

結果、売ろうにも買い手が見つからず、なんとか一般的にも購入可能な価格に落としていくために、最小限間口の４ｍの奥行き10ｍ程度に分割するのである。

その切り分けた土地12〜13坪約40㎡に、三階建てで広さ70㎡25坪前後の住宅が建てられているのである。

当然、庭を取る余裕はない。それどころか駐車スペースによって、本来なら街並みを形成するべき家の前面が失われている。「ピロティ型」といって二階の下が柱のみで空けてあり、入り口は小さくその奥にあるという構成で、トンネル状になっており、やはり家の前面に顔となるべき玄関や門扉《もんぴ》がない。

こうした都市型狭小《きょうしょう》住宅が、都心の建て売り住宅として、所得の多い夫婦共働きを前提にして、住宅ローン限度の８０００万円〜１億円弱で購入可能という見込みで売りに出されている。

同様のケースで、地方都市では土地価格において差額が見込まれるが、建築工事費に大きな差はなく、５０００万円からといった価格帯になっているだろう。

このような家が、建て売り狭小住宅と呼ばれるタイプとされ、住宅地の中にそれまでの一般的な庭付き一戸建て住宅とは、明らかに異なる細長い片流れのトンガリ屋根の三階建てとして並び、雨後の竹の子のごとく生まれているのが実情だ。

街並みと無関係な都市型狭小住宅の開発

狭小建て売り住宅には、前述したように前面道路と家との間に庭や塀、門扉といった家の内と外をつなぐ中間領域がないため、プライバシーを気にする場合には、道路面から閉ざされがちになり、中の様子はうかがい知ることは難しい。

住人も互いに自然に声をかけ合ったり、通りがかりに立ち話といった、顔見知り程度の交流を、自然なかたちで促すことも難しくなる。戸建て住宅ではあるが、いわば道路に面したマンションの一階と同じようなものなのである。

外観としても、建築の法規条件から、屋根の形や傾きも同じ形状にならざるを得なく、建て売り住宅の建設時の手配や手間の合理性から、同じ種類の建材や、同じ位置での窓配置になっていくことが多い。その姿はちょうど、戸建てというよりも、暮らし方としては実質水平に並んだ長屋型マンション、一軒の住宅からうかがえる個別の情報として駐車場の乗用車のみが家の違いの特徴となっている。

これは、街区の道路を行き交う歩行者にとっても、季節ごとの変化を見せる庭木や草花などもなく、塀などもないため、家の入り口の目の前を見て見ぬフリをして通り過ぎざるを得ない。

住宅のほうでも、一番大きな開口部であるはずの道路に面する窓には、磨《す》りガラスかレースのカーテンか、ブラインドなどの目隠しを施している。

外部と内部、公と私的空間の緩衝《かんしょう》地帯がないのだ。

生け垣とか庭木を植える余裕がないだけでなく、そもそも道路のアスファルト舗装と住宅の玄関までの間も、タイル張りかコンクリートで固められて草木の生える土壌もないのである。

こうした連続狭小の住宅地を歩いていると、このような現代都市の住宅地の景観には一定の秩序がないことに驚く。都市の住宅地における景観のファスト化は、その厳しい条件により、やむなしと考える他ないのだろうかと絶望的な気持ちになってくる。

が、そうではない。

住宅地の景観に秩序がない理由は、狭小の狭い間口だからという物理的な理由だけではないのだ。

古い京都の町家や、各地域に残る一部伝統的な都市の家を見れば明らかなように、意外なくらい狭い間口に、互いの隣地とは近接し合っていることがわかる。

道路に面した広い庭などもちろんないが、それでも狭い土地や狭い間口の条件の中で、一部に天井高のある吹き抜けを設けたり、通り抜けられる土間などで構成されている。日当たりが悪くても育つ陰樹《いんじゅ》や苔などを活かした坪庭、井戸周りなど、都市に居住するときの悪条件を逆手に取った創意工夫が、京都らしい町屋の風情《ふぜい》になっているのである。

現在の都市型狭小住宅以上に限られた面積の中で、そうした設えを成立させている住宅も伝統建築の中にこそ多いのも事実だ。

同時にそれらの小さな家が連なる家並みを、美しさや懐かしみで彩っているのは、長年に培われてきた素材であり意匠である。そうした文化的な積み上げによって、全体として家ごとの価値を街全体にまで底上げし、今に繋がる観光地の重要なスポットにすらなっているのである。

それに比して現代の小さな間口の家、狭小住宅のデザインは、同じような新建材で、てんでバラバラに、個人の住宅における趣味ですらない。新築時に施工者に示された建材の承認や、それすらもない建て売り住宅における販売会社側でも無検討と思われる惰性的な色彩や素材の選択である。家の設計上も、道路斜線や北側斜線といった、法的規定に最大限合わせただけの造形で終わっている。

とにかく早く安く建ててこその、住宅のファスト化なのである。

伝統的な都市の住宅は街並み形成型だった

住宅のファスト化は、敷地条件や資金不足が直接招いているわけではなく、そうした古い町に培われていた住居の形式を踏襲《とうしゅう》することなく、庭付き一戸建ての設計思想が単に圧縮された配置計画や間取りを踏襲しているからなのである。

その証拠にわずか４ｍばかりという貴重な間口の狭小住宅ですら、互いが隣地より50センチ離すという民法上の規定を守り、結果として１ｍ幅の土地面積が活用できていないという愚策を続けている。奥行きが10メートルの土地であれば、10平米、３坪の広さが路地でも庭でもなく間に境界ブロックを建てるだけで、放置されているわけである。

土地価格が高騰している東京都内であれば数百万円の価値を、隣家が互いに無駄にしているのだ。

これは、かつて東京の都心中央区や港区といった昔の下町にも京都のような長屋が残っており、バブル期の地上げでそうした構造的に繋がった長屋の権利を、分割したり売買したときの苦労から、土地を別々にすることで売買しやすくする、経済用語では流動性を増すというのだが、敷地境界を明確化することが慣習づいたからでもある。

これなども現代の技術で建て替え時に互いの構造を傷つけることなく分離する方法はいくらでもあるにもかかわらず、もったいないことである。

かつての古都で長い伝統の中から見出《みいだ》した連続した長屋形式における建物のプライバシー確保の工夫や、採光や通風、季節感を得るための坪庭といった建築的工夫も採り入れられていないため、互いに見る、見られるといった意味で、デザイン性が深化しないままであり、現代の建築の一般的な素材や構造、生活スタイルに応じた景観の形式が未《いま》だ見出されていないためである。

その結果、現代の都市景観はかつての、町家や古民家などにあった宅地の配置や素材などとの連続性をもつような街に未だ育っていない。

同時に外部素材や窓のデザインなども新しい都市的な処理、ちょうど昔の伝統的手法である障子や格子といった目隠ししながら光を通すといった視覚的な工夫もないまま、殺風景なものとなってしまっているである。

新築マンションの路面部位のデザイン放棄

これらの殺風景現象は集合住宅やマンションではさらに顕著である。

特に再開発や建て替えによって現在建てられているこれらの高層マンションの多くが、道路に面した低層階におけるデザインや利活用を放棄したままで、街区のファスト化が起きている。

それはギリギリ低層階までも分譲しようという傾向であり、一階の路面部分は、駐車場、駐輪場で占められ、もちろん植栽も塀もないという状態だ。本来なら小規模な店舗が建ち並ぶことも可能であった路面部分、せっかく道路に面した土地の街への開き方が、まったく考慮されていないことにも起因している。

下駄《げた》履きマンションの意味

高度成長期に大型の集合住宅・マンションが国内で初めて計画された当時、その多くはコミュニティの形成を目論《もくろ》んで設計デザインされていた。

いわゆる下駄履きマンションとか、商業地区を含んだ住宅団地であり、それは住宅公団によって見本として示され普及していったものである。

道路に面した一階には飲食店や居酒屋、喫茶店、スーパー、小売事業者、理髪店、電気店、金物店、などの消費者の生活に密着した商店が並び、二階には診療所や美容院、賃貸不動産紹介、税理士事務所、学習塾、といった一時滞在型の店舗が入る。役所の出張所や郵便局、幼稚園や保育園なども含んだ低層階が高層階住人の生活支援をおこない、賑《にぎ》わいを生み出すことが構想されたものである。

民間の大型マンション計画においてもそれらに倣《なら》い、低層部には商業テナントを準備しているものがかつては一般的であり、数多く存在していた。

当然ながらそうした低層部の商業ゾーンは駅前商店街とはまた異なる利便性と地域密着性を発揮していたのである。

そのことは、通勤や通学時間以外での人々の顔見知りや、挨拶や交流のきっかけともなり、誰かが声かけし、どこかで見ていてくれるという意味では、子供達や老人達にとっても、働き盛りの家族が帰ってくるまでの滞在空間と保護を担うものでもあったのである。

当初、小さな街という考え方だったマンション

当時、目指されていたのは、鉄筋コンクリートで造られた「家」の集積ではなく、小さな町や村の現代的な再現、地歴をもたない新興住宅開発における、先代のない家族が集まった状況を、支援し救済する、新たな街の再生であったのである。

そうした、小さな商業部を含み、文化や役所機能も備えた集合住宅は、1990年代以降は、徐々に建設されなくなっていく。

当初考えられていた集合住宅を、終《つい》の住処と考える人々が徐々に減っていったせいでもある。

入居した当時は、その多くが平均的な30代前後の子育て世代で、生活スタイルも収入も似たようなものであった。それらの各家庭の家族構成が、我が国の経済発展による企業環

境の変化に加え、昇進や事業の経済的成功や子供の進学にともなって、家族ごとに大きな変動が起こり、徐々に皆が均質な生活スタイルではなくなっていったのである。

あの人の旦那は出世した、あそこの子は進学校に進んだ、あそこは事業が成功して引っ越ししていった、などの変化である。

成功があれば失敗もあるように、バブル期に勤めていた企業が倒産した、株や投資で失敗したとか、子供達が受験に失敗した、就職に失敗した、そもそも夫婦が離婚し引っ越していった、などの事情も個々に起きてくるようになる。

そうなってくると、かえって人的交流が濃密過ぎる、近すぎるコミュニティは存続しづらくなるものであり、こうした小さな集合住宅コミュニティが齟齬《そご》をきたし、鬱陶《うっとう》しさの要因ともなってくるのである。

マンション低層階のファスト化

同時に、バブル期の土地価格の上昇による経済的過熱と、その後のバブル崩壊による急激な土地価格の下落による停滞は、余裕のある開発よりも、拙速な開発資金の回収のほうが優先し、建設費用の中に商品的価値や販売不能な床面積の排除の傾向を呼ぶことになる。駐車場の不足したマンションや管理人不在のマンションが増え、一階の入り口ホールも小さくし、エレベーターも必要最小限の台数に減らし、とにかく販売可能な分譲戸建てを一階の端まで増やしていくようなプランニングが推奨された。

そこでは当然のことながら、管理の必要な植栽はなくなり、かつての高級マンションを真似たロビーにおける坪庭なども ない。

同時に敷地周辺の道路に面したテナント誘致といった配慮もなくなるため、すべてが裏側のようなデザインされない設計となっていく。

敷地周囲に通行人からの目線をさえぎる植栽も塀もないため、一階の道路に面した住戸では、プライバシー確保のために、バルコニー前に檻《おり》のような金属の縦格子や目隠しパネルなどで隠さなければならない始末である。

こうした集合住宅はバブル後の経済停滞状況下での住宅取得者に向けて、販売価格を下げるための努力ともいえなくもないが、同じ高層マンションの中で高層階と低層階で販売時の時点で購入価格が如実にさらされてしまい、コミュニティ形成上にも心理的な階層差があらかじめ埋め込まれるという弊害が生じることになる。

賃貸住宅のファスト化

さらに酷いのが投資用、事業用マンション設計やデザインのファスト化である。

長い不況下で金融資産への金利は0・01パーセントを切るようなところまで下落し、大金を銀行に預けていても振り込みや利用手数料でマイナスになってしまうという実情の中で、投資利回りが5%、10%を謳《うた》い、多くの人々に訴求してきたのが、賃貸マンション投資である。

若いうちなら自分や家族が居住するための住宅ではなく、まだ多くの金融資産をもつ資産家ではなくとも、賃貸で家賃収入を得ることができるという、不動産事業に幅広く投資を呼びかけることがブームとなった。また、そのような賃貸アパートやマンション投資により、生活費を稼ぐ専業大家さん、会社に知られることなく本業以上の収入を副業で得るサラリーマン大家さんなどを、ことさら持ち上げ、そこに集うサロンビジネスなどに注目が集まった。

そうした不動産投資は、個人で可能な借り入れ限度もあって、大型の集合住宅案件とは異なり、6部屋、8部屋といった戸建て住宅敷地を対象にした小規模なアパートをも対象としている。

かつてのような、地主の相続税対策や本業の傍《かたわ》らでおこなう賃貸業においては、顔の見える大家さんと入居者の関係も生まれ、挨拶レベルではあっても小さなコミュニティが形成された。

むしろ、大家さんの趣味や関心、社会貢献に特化して、お金のない若い学生や音楽家や芸術家の卵たちを育てたり、建築の内装や外装に凝ったりする収益性を度外視したようなアパート、親から引き継いだ資産なので、古くとも管理の行き届いた懐かしさが売りのアパートも多かった。特に大都市では町内に数軒の銭湯の存在もあり、風呂なし共同トイレであっても充分、都市生活を支えることができたのだ。

そのことはアパートの建設投資においても建設費用の削減にも繋がった。

住宅において工事費用の割合がもっとも多いのは、給排水設備に電気設備が交錯し、防水工事も必要となる風呂工事であり、トイレ工事でありキッチン工事だ。近年のアパート工事は、一部屋あたり８００万から１０００万円といわれているが、その工事費のうちの４割ほどはこうした設備に関わる部分の工事金額である。

逆に考えれば、銭湯がある街で風呂なし共同トイレで、建設費が４割下がるのであれば、家賃も4割下げられるということになるわけだ。

しかし、バブル期の不動産高騰《こうとう》と地上げの動きは、当時の不動産デベロッパーらが、周辺全域を立ち退《たの》かせるために、人々の生活を破綻させるよう、街中の銭湯から集中的に売却や立ち退きや建て替えを迫った。そのために、1990年代から2000年初頭にかけて、都会の銭湯はもの凄い勢いで消え失せた。

結果、風呂無しのアパートでは、入居者が埋まらなくなり、水脈を建たれた樹木が立ち枯れるように安い家賃の家は消えていったのである。

結果として、必ず水回りを有するのであれば、廉価なアパート事業は不可能になる。小さな部屋でも風呂トイレ付きにならざるを得ず、景気後退で人々の収入は上がらないどころか、低下していくにもかかわらず、2万、3万といった廉価な部屋は消え失せ、都会においては、最低でも6万、8万といった家賃の部屋しか存在しなくなってしまった。

住むほうもしんどいが、貸すほうも事業投資が大きくなり、地主であっても、のんびりした大家業というのは希で、賃貸事業に余裕は失われていったのである。

ワンルームマンションの台頭

　ワンルームマンションとは、かつてのアパートの間取りのように畳の部屋と水回りが壁や建具で仕切られ、床も板の間やタイルで切り替えられているような部屋ではなく、一体化した部屋の中にユニットバスとミニキッチンを配置したような構成の住戸を並べたマンションのことである。住戸の中でもっとも、手間暇と金のかかる水回り工事を簡素化したことに特徴がある。

　1964年の東京オリンピックの頃に発明された、プラスチックで防水された箱型の風呂ユニットの存在によって、普及が進んだ。特にカプセル住宅といわれた最小限住宅が象徴的で、外食や食事の持ち帰りを前提とし、家の中で無理に調理もしなくていいという考えで、小型の冷蔵庫に小さなシンクと簡易なヒーターのみを備えている。

　部屋の広さは、ユニットバスとミニキッチンの部分を含め、ワンルーム制限のかかる25㎡前後を基に、各行政区ごとに設けられている総戸数との兼ね合いで計画される。

　しかしながら、管理人室も共用のゴミ置き場や駐輪・駐車場も不十分な計画が多く、都内私鉄沿線に建設され始めた当時は、ゴミや自転車の放置などで近隣との揉《も》め事が増えていったため、こうした小さな部屋に独身者を多く住まわせるマンションの戸数を減らす、ワンルーム規制という条例が生まれたのである。

バブル後の不況の一時期は一戸あたり400万円以下という現在の住戸建設費の半額以下で、廉価な事業用アパートも企画された。

それらは、かつての風呂なしトイレ共同アパートよりは見かけはいいものではあるが、その実、壁の断熱性能や内装を単純化したものも多く、住まいの性能よりも、部屋数と家賃だけを根拠に事業の表面利回りによってのみ査定され、現地も見ることなしに購入したオーナーも多かった。

アパートマンションで進んだファスト化した工法

こうした住宅建築を可能にしたのが、建築工法の進化や洗練の中で、逆にファスト化していった建材や工法や仕上げの手法である。

元々、木造の家造りは大工の棟梁《とうりょう》の指示によっておこなわれ、その指揮下には造作、左官、建具、塗装、電気、設備といった各職の専門家による手仕事が支えていた。

それらの建築工事の専門職人の世界も、高度成長期を通じ、より早く、より品質の向上を目指して合理化やスピードが求められていった。

大工がいちいち木を刻んだりしないで、工場であらかじめ準備するプレカット工法。左官が土や砂やセメント現場で捏《こ》ねて鏝塗《こてぬ》りするのではなく、あらかじめ工場で平板な壁パネルを準備する仕上げ工法。

窓や扉を建具店で作らず、すべて工場で開閉枠とも一体にして現場に搬入されるサッシやプレハング扉といった、様々な新素材は工事費の単価を抑え、工期のスピードを早めることができたのである。

そうした、工法や建材の爛熟《らんじゅく》期に当たったのがバブル後の不況の時代である。急激に市場縮小していく建設工事受注の中、より廉価に建物を建てることこそが正義とみなされ、人手のかからない工法や規格の定まった設計が求められた。

多様な手仕事による建築は消えていったのである。

この時代に、タイルに見えるパネル、木目に見えるシート、石に見えるタイルといったフェイク素材が隆盛を迎えた。

本物の木には当然ながら木一本一本のクセや曲がり、木目や節といった個性がある。こうした粗を極限までなくした柾目《まさめ》の一本モノという材木も存在するが、そうした材木は下枝を定期的に落とし、採取まで端正に管理し続けた高価なものである。

第二章の商業建築で述べたように、我が国の建築界では、ある時期より一般の建築のほとんどにおいて、化学的に組成され進化した印刷技術を駆使した素材、いわゆる新建材に成り代わっていった。木や石の本物よりも安定した素材が重宝がられるようになっていく。

建材の「そのように見える化」が進行したのである。

建材もファスト化が進行していった

自然素材にみられるそれぞれの個性は、素材管理上はバラツキとなって、当然ながら運搬も加工も効率は悪くなる。

名人の職人はクセのある木もそれぞれ活かす、とも言われたが、それは家全体の材木をまとめて購入し、製材から加工までじっくり時間をかけて素材管理をしていればこそであって、当世ではそのような大工仕事は非常に希なことになった。

同様に、石や左官素材、建具や家具の素材も自然のものを職人技で採用していれば、予算は天井知らずとなる。

金に糸目をつけない個人の趣味や、美学の追究ならばそうした仕事も続けることもできるのであろうが、すべての建設の工程はより安く、より早くを求められる時代となったのである。

そうした、廉価な工法や素材がもっとも求められていったのが、事業用賃貸木造アパートの世界だ。基礎工事だけは現場でコンクリート打ちだが、その後の木造骨組みから内装まで、使用する建材は工期を遅らせることのないように、各メーカーの工場や問屋から直接現場に運ばれてくる。

結果、昔の大工さんの本社にあったような加工場や材木置き場は必要がなくなる。現場事務所も存在しないし、大工は家と現場の往復で事足りるのである。

建築工事における各工程ができる限り特殊解とならぬよう、木造建築の設計はベニヤ板の寸法の繰り返しで計画されていく。

ベニヤ板の寸法とは９１０ミリ×１８２０ミリという、通称サブロク版という大きさのことで、この寸法はもともと畳の寸法がそれであり、３尺と６尺という意味である。

「立って半畳、寝て一畳」といわれるように元々は日本人の身体寸法をもとに割り出したモジュールなのだ。建材のすべての材料寸法は、このサブロクの半分や四分の一が基になっており、３０３、４５５、６０６、９１０といった寸法でその他の箱家具や素材も想定されることが多い。

そのため、廉価な建築を推し進めていくと、すべてをこの寸法体系で決定しておいたほうが、素材の切断や合わせ目で、切れ端が少なくなり作業上も無駄が少なくなるのである。そのため、工法も素材もファスト化されたアパートマンションは、この寸法ですべてが決定されていき、扉や窓の大きさも決まったものとなるのである。

路地の奥に建設可能な集合住宅「長屋形式」

都心部の住宅地の利便性は高いが、住宅としては販売しにくくなった戦後の標準的な広さの敷地であっても、一戸建て住宅ではなく賃貸事業を組成できるのであれば買い手もつく可能性がある。

ならば、ということで昨今、これまでの常識を覆すような賃貸アパートやマンションが苦肉の策として登場している。

本来なら集合住宅の建設を想定していなかったような前面道路も狭く、接道が路地といった旗状敷地や、緊急時の避難経路の問題で集合住宅の建設ができないような敷地であっても、たとえば条例の緩和措置や法の網の目をくぐったような事業用賃貸住宅にすることが可能なのが、「長屋形式」といわれる連棟型住宅である。

共用廊下のない形式で、各戸が直接敷地内の避難通路から出入りが可能なように、扉が直接外に面し独立した形式をとった数戸の賃貸住宅の計画が認められている。

これらは昔ながらの「長屋」ではなく「タウンハウス」と名付けられ、本来なら単身者賃貸が建つはずはないと踏んでいた住宅地の真ん中に建てられている。

この長屋形式という法基準の集合住宅ではない連戸の賃貸住宅形式は、接道のための路地以外に街区には顔を持たない。それどころか避難経路としての敷地内通路が、長く路地状に入り組んで行き止まりとなっており、駐輪場を設ける余裕もない。

そのため自転車は住戸内に持ち込むことが前提で、敷地内通路に止められて出入りに支障をきたすような場合が起こることもある。

一戸建ての何倍もの生活ゴミが発生するにもかかわらず、ゴミ置き場がなく収集日には近隣から苦情が寄せられたりしているケースもある。

結局、街並みにその様子がうかがえない状況にもかかわらず、敷地奥に数戸、十数戸の賃貸住宅が建ってしまうため、地域からは建設の反対を受けたり、管理人付きの集合住宅でもないため、町内会にも加わることもなく、地域より歓迎されないなどの問題もある。

これらも住宅の建設目的があくまで家賃収入を前提とした金融事業という側面のほうが大きく、オーナーは遠隔地、場合によっては海外在住といったような、地域コミュニティを形成する気のない所有者と居住者の集まりだからなのである。

つまり、住居のファスト化は最終的に集合住宅のファスト化に繋がり、町内会やコミュニティのファスト化、さらに進めば町内会の消滅、コミュニティの消滅という事態に向かうのである。

玄関が家？ 極小賃貸住宅の登場

さらに昨今、長屋形式でもなく集合住宅としても、これまでのライフスタイルの常識を遙《はる》かに越えた存在として話題なのが極小賃貸住宅である。

ちょっと大きめの一般戸建て住宅の玄関ほどの広さほどしかない賃貸住宅だ。一戸の部屋の面積が3畳（約10㎡）程度というもので、浴槽はなくシャワーブースにトイレにミニキッチンが、直接部屋に面した3畳ほどの空間は、玄関ドアにも面しており、いわば玄関ホールそのものが部屋といった構成である。

つまり、ドア一枚で外部と内部の生活空間が仕切られるのみで、扉を開けたら即、道路、扉を開けたら即生活空間、という意味では、部屋と入り口の間に、水回りや廊下の空間といった、小さな余裕すらない。

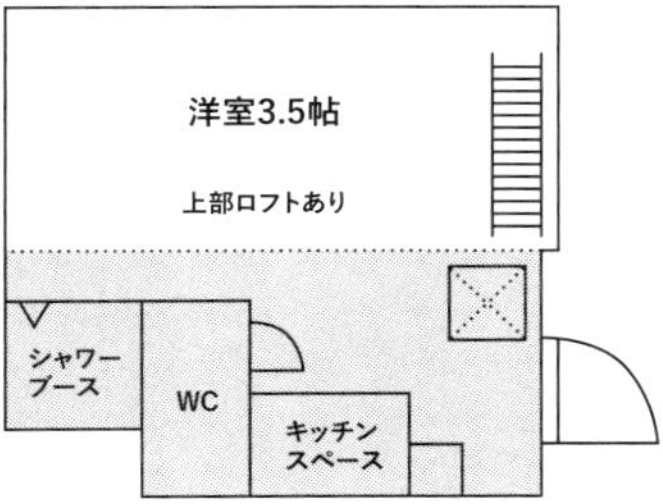

極小賃貸住宅の間取り図

天井高を高くとって、部屋の半分を占めるロフトの屋根裏空間に布団を敷くことで、辛うじて、住戸内の個室プライバシーのある生活空間が成り立っているといえるだろう。

こうした極小賃貸住宅とは、通常のワンルームマンションの一戸よりも小さい部屋、半分ほどの部屋を詰め込むだけ詰め込んで、事業性をあげて家賃を抑え、付近の賃貸住宅相場よりも廉価な賃貸による競争力を狙った新しい賃貸住宅の形式なのである。

かつて存在した安い風呂なしアパートという存在は、前述のようにバブル期に都心から銭湯が消え失せたことによって、入居者の生活もオーナーの事業をも支えられなくなった。安い風呂なしアパートというものが成り立たないからである。

だからといって、安い賃料の郊外に移れないタイプの入居者も存在する。たとえば深夜の飲食業や美容師の卵たち、マスコミ関係など、遅くまで働く都会のサービス業など、通勤時間のかかる郊外に移りたくないという人達だ。

職住接近を求める入居者にとって、部屋の広さは我慢してでも家賃が抑えられているこうした賃貸物件のニーズはあるということなのだ。

極小賃貸を成立させるスマホ

そのような極小空間での生活を成立させているのが、現代を象徴するような生活の必需品、多機能化したスマートフォンの進化である。

かつての室内にはテレビやオーディオ、電話などの趣味や娯楽を提供する家電に相当する機能や、机や本棚やパソコンといった勉強や事務、在宅勤務に必要な家具や装備があった。

現代は、それらのすべてが、小さなスマホ1台に集中できているという便利さである。かつて、これらの家電や機器を部屋に置くとなると、立体的に棚に収納したとしても畳1畳から2畳は占有されていた。ならばそれらの分を差し引けば、目の前に迫る壁の距離という体感的な空間認識を除けば、生活に使っていたスペースの機能的な広さは、かつての4畳半アパートと同じであるともいえなくもない。

また、窓があっても、隣地の壁であるのならばエアコンさえあれば窓を開ける必要もない。そのため、建築基準法上の採光判定面積の窓さえ確保しておけば、換気扇さえあればガラスをはめ殺した、開かない窓でもかまわないわけである。キャンピングカーの内部空間とか、やむなく小さな部屋になってしまう緊急避難住宅の常態化のようなものだ。

一方、狭小賃貸の存在は都心部でおこなう大家業にとっても救世主となっている。かつての賃貸業は、銭湯の存在によって、前述のように設備負担のない風呂なし共同便所の木造アパートが可能であったため、建設費も安く済み、投資利回りから導けば結果家賃も安く設定できていた。

しかし、風呂付きのワンルームを25㎡以上の住戸で計画してしまうと、それだけの広い土地も必要となり、どうしても家賃は高止まりしてしまうことになる。

当然ながら高い家賃に見合うだけの競争力を付ける必要が出てくる。

駅や商業施設に近いといった利便性の高い立地や、採光や通風などの魅力的な周辺環境、建築の内外装を含めオートロックや清掃やゴミ置き場の管理人の存在、駐車場や駐輪場などといったサービス設備の充実は、さらなる家賃上昇に繋がり、空室率に影響する。

そうした賃貸物件の需要側と、供給側の事情をすべてひっくり返そうという逆転の発想から生じたのが、利便な場所で家賃を極端に安く抑えることで、競争力を獲得しようという極小賃貸という住宅建築だ。

法的制限をかいくぐった極小賃貸

建築基準法の体系では、事業主が効率や収入のみを優先して、多くの住戸を集積させることは、生活の快適性や防災上、避難上も望ましくないという考え方でできている。

法律上は、多くの小さすぎる部屋を集合させることはまったく想定していない。

むしろ各地域のワンルーム規制により、小さな部屋を集めることは、一定の住戸規模以上にさせないよう建築に法的制限をかけている。

たとえば、住戸数の多い集合住宅では、最低でも25㎡以上の部屋とし、その場合も何戸まで、それ以上部屋を増やすにはワンルームはだめでファミリータイプで50㎡以上といったようにである。

これは、廉価な家賃を求める単身者ばかりでは学校の卒業や、就職、転職などで居住者が入れ替わり、定着する居住者が減って地域住民が流動化していくこと、いわば地域コミュニティのファスト化を防ぐという意味が込められている。そのため、大型の集合住宅には単身住戸の広さや戸数に規制をかけているのである。

その規定に制限されていると同時に、広い戸建て住宅では販売価格が高額になり過ぎて買い手もつかない、という都心部に近い住居地域の事情を逆手《さかて》にとって、本来ならマンションなど構想されないような、集合住宅など成立しないような100㎡程度の小さな敷地で、集合住宅や長屋形式による事業系賃貸を計画したものが狭小賃貸なのである。

もし、部屋が6畳、8畳ほどの一戸25㎡のワンルーム住戸ならば、3戸や4戸しか配置できず、たとえば10万円の家賃をとっても30万円ぐらいにしかならないわけで、その家賃収入では到底事業収支上も利回りが見込めない。

そのような敷地であっても、極小の10㎡以下の部屋でかまわないということで、8戸の計画ならば6万×8戸で50万円程度の家賃収入が見込めることになる。

8戸の建設費が5000万円で土地が5000万円程度ならば、一見、想定利回りが5%を見込めるようになるのである。

デザインをしなくなった家

このような、極端な事業用住宅市場への特化は、最低限の建設コストを想定して、小さな部屋を詰め込んだだけになってしまい、建築の造形は法的制限を切り抜けるだけで精一杯で、もはや住宅デザインを検討している余裕すらない。

当然ながら周辺住宅地のもっている塀や門のデザイン、外壁の素材グレードや、屋根の色や素材、家の形、植栽や樹木といった街並み形成へ配慮することなど、まったく不可能になってしまう。

それだけでなく、現在の新築住宅の一般的な素材は木造住宅といわれる限りにおいて、構造材料こそ木造ではあるが、外装や内装で木や石や自然素材が使われることは少ない。

そのほとんどが建材メーカーの工場で作られる合成素材である。石油化学製品由来の樹脂系のシートやビニル、石灰岩や火力発電所由来の燃焼灰などをもとに作られる無機素材が多勢を占めている。そこに近年のプリント技術の進展でテクスチャーや彩色を人工的に施されたパネル製品が主流である。

それでもかつてはそうした建材メーカーも地域ごとに存在していた。だから設計者やデザイナーらによる選択によって、それぞれの建築の個性も発揮できていた。

しかし、近年はそうした建材メーカーも合併や吸収によって淘汰《とうた》され、廉価な不燃系の外装材などはもはや全国に数社しか存在せず、その中でも営業力のあるメーカーの製品だけで、一般的な工務店は施工している。そのため、住宅の外装仕上げが、どこもかしこも似通っているのである。

場合によっては、まったく同じ素材で数軒が立ち並んでいるといった住宅地開発による建て売り住宅もある。

日本全国でこうした廉価な外壁材、窯業系サイディングといわれるセメント系の無機素材を固めて、石目やタイル形状を模したフェイク素材が一般的になっており、戸建て住宅であろうと、アパートであろうと、同様の建材メーカーの廉価製品が使われている。

そのような、施工が早く、手軽で、安い建材製品に選択が集中してしまったことによって、一軒一軒の住宅デザインのファスト化にとどまらず、ある一定の街区全体の建築デザインのファスト化も進展してしまうのである。

日本の住宅は太平洋戦争で変わった

日本の住宅の歴史は、近世から戦前までの1000年近く大きな変化はなかった。田園においては、竈《かまど》のある土間と板間に囲炉裏のある天井高の高い部屋をもつ茅葺き屋根と土壁によってできた農家の民家。都市部では塀で囲まれた庭に、商家や武家の屋敷が板張りか漆喰塗りの壁に瓦葺で建つ。ほとんどの庶民は板張りか土壁塗りの長屋である。

そのような名残が各地域に残り、現在では貴重な地域の文化資産や観光地となっている。

日本の住宅事情を大きく変えたのはやはり太平洋戦争の戦禍である。

大規模な空襲をまぬがれた都市は、金沢、新潟、京都ぐらいなもので、その他の主要都市のほとんど、200ヶ所近くが爆撃を受けて、街は焦土と化した。数百年以上続いていた各地域の街の姿が灰燼《かいじん》に帰したのである。

東京23区においてはその9割近くが焼け野原になった。死者は50万人を超え、家や家財を失うなど罹災《りさい》した人は1000万人を超えている。戦前の日本の人口は7000万人ほどで、その家族や同僚、友人を含めて考えれば、国民の3分の1近くが路頭に迷い、生活の糧《かて》を失った。都市基盤から生産拠点、民間の資産まで、80年前に一度、なにもかも失っているのである。

家がなくとも人々は暮らしていかなくてはならず、まずは廃材や焼け残ったトタン板などで雨露をしのぐだけの急拵《きゅうごしら》えのバラックが建った。不足した食糧を求めて、都市の駅裏など人が集まるところには闇市ができた。現在でも残る狭い路地裏の飲み屋街などは、この頃の名残りであり、中には本当に当時のバラックを継ぎ足し補修しながら使われている店舗も残っているのを見かけることがある。

日本の経済を支える住宅ローン

政府は住宅の供給が急務ということで、急造の木造平屋を並べた公営住宅、復興住宅を準備するとともに、これまでになかった鉄筋コンクリート造の3階建て、4階建ての団地の建設が始まる。その後、高度成長期による経済発展を迎えるのであるが、経済政策のひとつとして、持ち家政策が採られた。

住宅取得と奨励し、住宅ローン控除、住宅金融公庫の制度なども後押しする形で、マイホーム信仰を醸成したのである。

その結果、多くの国民が目標とした家の購入と、それに伴う30年以上という住宅ローンの支払いは、我が国を支える金融の安定化にも貢献した。

その長期金融という投資基盤があってこそ、金融という経済の網の目は、各産業や企業への融資や証券や為替などの短期投資、金融商品などに循環し拡がっていくわけである。

そうした住宅金融の仕組みは、30年以上という長期にわたり返済が続くが、元手のない若い世代にとっては、安定した住処を必要とする子育ての時期に取得できることが動機となり、生活基盤でもあるため返済を滞らせる確率も低い。融資する側にとっても、金利による利益確定が手堅いのである。

住宅ローン金利が5％前後である時代が長く続き、8％を超えていた1990年代後半までは、土地価格も上昇し続け、住宅を持つということには、借りるほうも貸すほうも互いに多大なメリットがあったわけである。

それがバブル崩壊を経て、住宅ローン金利は３％、２％と下落していった。すると以前のようには若い世代が家を持つことは徐々に困難になっていった。それは、住宅ローンのような長期の借り入れの審査合格には、安定した就業状態が前提であることと、過去に借り入れに対する返済の延滞や金融事故がないことなどが求められるからである。

就業状態については、バブル崩壊後の失われた30年ともいわれる景気の停滞の中で、企業が採用を控えた就職氷河期に第二次ベビーブーマー世代が呑《の》み込まれたことで、人材の流動化を提唱したことによる派遣労働や、年次ごとの契約社員制度がアダになって安定した就業状況を得られず、結婚し家庭を持ち、住宅の購入を検討すべき若い世代の多くがその機会を持てなかったことによる。

さらに、サラ金、街金といわれるノンバンクによる小規模のマネーローンや、大手量販店が発行したポイント付きのクレジットカードなどで、分割購入した家財や、気軽に借り入れた生活資金のキャッシング、携帯電話通信料等の支払いで延滞を起こし、かつては住宅ローンなどの大手金融機関が補捉することがなかった、そうした過去の小さな金融事故が、コンピューターで自動化された審査のプロセスで、ネットワーク上に残ったデータとして参照されてしまう。その結果、既に支払い済みの小さな数万円に満たないお金の事故であっても、何千万の借り入れをフイにする事態も起き得たのである。

そうした事情も相まって、かつて高度成長期には年間70万戸もあった新築住宅の着工棟数は、少子高齢化で少なくなった住宅取得世代の数に輪を掛けて住宅ローン借り入れの見込み世代をさらに削り、20万戸にまで落ち込んでいるのである。

太平洋戦争からの復興期の簡素な住宅や高度成長期の粗製乱造《そせいらんぞう》の住宅は、現在の建築基準に満たないものも多く、その耐震性、断熱性、素材の物理的劣化などもあり、資産評価も不可能どころかゼロ、もしくは解体費用分がマイナスと評価されるものもある。

そのため、既存住宅の中古市場も、ストック活用もまったく進まないのが実情だ。

また、その時代の住宅には素材にも難点がある。

林業の衰退時期とも重なり、耐久性の低い外材や接着強度を失ってしまう合板などが使われており、経年変化が単に傷みとして見えてくるだけの新建材などで建てられているため、構成部材の物としての価値も薄く、廃棄物にしかならないのである。また、初期のアルミサッシは耐候性にも乏しく、窓や扉のアルミ材も腐食が進んでいることもある。当時の新建材には、耐久年数を推し量るような考えも、制度もなかったこともあるだろう。

その一方、数少なくなった稀少《きしょう》な戦前の古民家、町屋などの100年以上も経過した住宅が、今では入手不可能な大断面の梁や柱、稀少な銘木などを用いて造られた内装や造作の意匠的価値を見出し、その取得を熱望する若い世代や、商業利活用している世代が出始めているとは皮肉なことである。

結局、100年以上を経過しても残っていた古い建物のほうが、次の100年にも耐えうる素材の意匠性も構造強度をも持ち得ていたというわけである。

しかしながら、建築基準法などの法整備がおこなわれる前の建物では、耐震構造技術や解析や構造計算に基づいていないため、現代の基準に合わない伝統的な木組みや大工技術によっており、実際に長期の経年を経ても立派に残っているにもかかわらず、新しい時代の基準である建築物の耐震安全性や省エネ性が担保されず、その建物価値の裏付けが取れないままなのである。

こうした、戦前の建物を現代の技術で現代の法的基準に適合可能にする制度整備が早急に必要になってくるのである。

まとめると、我が国の住宅建築におけるファスト化に至る経緯と要因は次のようになる。

太平洋戦争によって日本各地が戦火に見舞われたことにより、

1．まずは質より量が優先されてしまった　2．戦後の経済政策として持ち家を建てることが推奨された　3．高度成長期から続く首都圏への一極集中による地価の高騰　4．地価の高騰による住宅地の持続性の喪失　5．バブル期の地上げによる廉価な賃貸住宅の喪失　6．失われた30年による住宅市場の低迷　7．金融商品としての住宅投資　8．少子高齢化による職人不足と建設費高騰　9．建材と工法の工業化と規格化　10 既存ストック活用に対する法整備の不足

……と定義できるだろう。

戦後から高度成長期を通じて造られてきた多くの団地やニュータウンも現在はすっかり老朽化しており、少子高齢化による人口減少も相まってゴーストタウン化や空き家問題も取り沙汰《ざた》されている。

実は、住宅過多なのである。

にもかかわらず、戦後から高度経済成長期に推奨された新築住宅を促す政策は未だに継続されており、相変わらず住宅建築の量を増やすことを続けていることが、住宅のファスト化をさらに推し進めているといえるだろう。

今、必要なことは、これまでのようなスクラップアンドビルドから、ファスト化の対極

にある古くからある家の素材や意匠の価値に気付き、住宅文化の遺産として使い続けていくという、価値観の転換が必須といえよう。現在の技術をもってすれば、数百年前の古民家すら現代の居住機能の要求水準への再生は可能なのだから。

第四章　建築人材のファスト化

枯れていく建築人材

これまで紹介してきたような建築物の造形や計画、街並みへの影響といった物理的な建築のファスト化よりさらに深刻なのが、人材の問題である。

端的にいえば、建築人材が枯れてきているのである。いわずもがなの少子高齢化の最終段階が今、我が国の建設業界を襲っている。

それは、建築現場からの後期高齢者の引退である。建設業界では他の業界に先んじて少子高齢化の問題が起こっていた。特に、工事現場で働くことはあくまで体力勝負であることと、同時に技術とは熟練によるものだからである。

かつて、建設現場を仕切っていたのは大工の棟梁と呼ばれる人達の存在だった。棟梁とは「棟」、「梁」と書くように建築構造の主要な部位を指す、それを称して大工仕事のリーダー、ひいては工事現場を直轄する監督のことを意味した。

古きより、工事現場は数ヶ月、長ければ数年もの間、延べ何千、何万人という様々な職種の建設職人がかかわっていく作業・仕事の場所である。そこには大工だけでなくその他の多くの専門職があり、大工として木材を扱う見事な技があるからといって、誰もが大工の棟梁になれるわけではない。

当然ながら自分自身が大工仕事を習得したうえで、さらに他の職人を統率して動かす。いわばオーケストラの指揮者のような役目でもあり、終始危険と隣り合わせで、即時に指示を飛ばす必要のある戦国の合戦を指揮する将軍のようでもある。かつ同時に建て主から工事予算を預かり、建設資材を購入し運搬し、保管し、現場に運び、組み立てていく、そのプロセスで生じる人件費やその他経費、役所への届け出や折衝《せっしょう》、近隣への挨拶《あいさつ》や建て主の御用聞きといった勘定方《かんじょうがた》、マネジメントの役目までをこなす必要がある。

大工の棟梁も減っている

そうした建設技術と知識、仕事のセンスは、学校などの机上の勉強だけではなかなか身につくものではない。目の前の作業を見て盗み、口伝や実際の作業の中で習得する必要がある。

大工を希望するものは中学校を卒業したら、いずれかの師匠の下で住みこみの弟子になって、数年間は修業しながら、己の適性を見出し、見出される。そのような人材教育がなされていた。

そのため体力にあふれ、感性もしなやかで、頭も柔らかい素直な10代から20代のうちにどれだけ専門的な知識経験が積めるかが勝負でもある。

次の30代から40代で部下を指導し人から慕われ信頼されるための人間力を磨いていく、そのような息の長い仕事なのであった。つまり、同級生が進学して社会に出る頃には職人はそこそこ一人前になっておく必要があり、若手と呼ばれる時代を卒業していなければならない。

ちょうど料理人やプロスポーツ選手の世界にも通ずるような、若手中心の業界であったのである。

高度成長期の建設ラッシュを通じ、大工の仕事は活況を呈したが、同時に建設業界にも工業化の波や最新の機械技術や設備知識も必要となり、人材育成も必ずしも住みこみや修業によるものではなくなった。工業高校や大学の建築学科で勉強したうえで、建設企業に就職するという建設人材も徐々に増えていった。

しかしながら大工を初めとする職人の世界は、まだまだ現場主体であり、手に職さえつければ、即日働くことも可能で、どこでも引く手あまたという状況が、２０００年ぐらいまでは続いたのである。

身一つで建設現場に飛び込めば、次々と仕事を与えられ、本人のやる気と辛抱次第では、いくらでも仕事が覚えられる。そういう意味では、進学や就職に失敗したものの、建設職人として成長し、独立し、一家を構えるといった人々も数多く輩出した。ちょうど戦後のベビーブーマー、１９５０年前後生まれの社長や職人の層が非常に厚かったのである。

それが２０００年頃から工事現場で、10代や20代の若者を見ることが希になる。徐々に若手と呼ばれる世代が30代になり、続いて40代になり、現在は50代でも若手と呼ばれるような現場も増えている。

工事元請けのリスク

人手不足とはいいながら、努力によって手に職をつけたとしても、かつてのように仲間や弟子と会社や工務店を立ち上げ元請け工事を受注しようという大工が減っている。

建設工事において、元請け業務を、職人気質《かたぎ》の零細、中小企業で請け負うことが難しくなったからでもある。

それは、リーダーシップを発揮できる人材が不足しているというより、バブル崩壊以降の銀行から中小企業への金融取引が厳しくなり、一時期は融資を受けられない、融資を受けても貸し剝《は》がしや、返済の督促などの強行が続き、元請けを続けていくにはリスクが高まっていったことにもよる。

なぜなら、建設工事の工事代金の支払いは、工程その都度の支払いではなく、手付金と契約だけによる完成後支払いや、工事中に3分割とか4分割の支払いが一般的でありながらも、元請けから下請けへの支払いは、作業工程が進めば待ったなしなので、元請けは立て替え資金が必要だからである。

昨今は、下請け企業や従業員への支払いは、月末締め翌月払いや給与制になっているところも多いが、職人への支払いは即日、仕事の終了と同時でなければ仕事を受けてもらえないなどの習慣がまだまだある。

もちろん、人材だけでなく材料仕入れのほうも、支払いが早ければ早いほど、現金ならなおさら、値引きに応じるということもあり、支払い能力は工事のスピードだけでなく原価にも影響するのである。

こうした入金と支払いのタイミング如何《いかん》で工事の利益率や進捗率にも大きく影響する。

大きな工事現場であればあるほど、ひとつひとつの素材の仕入れや発注の交渉、工期の早さの影響は大きい。そのような経営的な事情もあって、入金の前に支払いがどんどん発生する。つまり立て替え払いの力が企業体力なのである。

たとえば元請けとして5000万円の工事を受注したとする。

すぐに進めなければならないのは、工事ではなく設計や許認可などの手続きだ。その時点で調査費や設計費用などが発生しているが、このタイミングでは設計図はまだできていないため、正確な工事金額の見積もりはない。ここでいくらかの手付金を支払ってもらえる場合は良いが、住宅ローンなどの銀行融資決定後支払いということになると、この最初の調査、設計、手続きまでの費用は、持ちだし立て替え払いとなる。

設計が完成し、見積もり金額が確定したとすると工事準備ということになるが、この時点で資材の確保や下請けや職人の確保が必要となる。まだ支払う必要はないが、資材と人材を予約するようなものであるため、やっぱり仕事がなくなった、というわけにはいかなくなる。

そのため、工事金額の支払いを3分の1とか受けていればよいが、それがなければこの資材確保についても慎重にならざるを得ない。

また、着工と同時に土を掘ったり基礎工事をしたり、木造の骨組みの発注をしたりした時点で、全体工事費の半分くらいの出費が確定してくる。

このような工事資金の立て替えが常態化し、完成し引き渡しまで続いていくため、受注工事金額の3分の1ぐらいの資金力を確保できる企業体力がないと、建設工事の元請けは難しいのだ。しかも、複数の工事は同時進行ではない。発注も支払いもタイミングを巡ってパズル合わせのような状態となる。

仮に年間受注額が、5000万円の住宅10棟ほどあるという工務店でいえば、総売上は5億であるが、3分の1の建て替え能力ということになると、1億から2億の資金的余裕が必要となる。そうでなければ、工事現場で予想外の事故、顧客からの未払いや支払いの遅れ、法制度や規格対応や届け出の不備、などのちょっとした工事の遅れや、資金回収の遅れがあれば、たちまち下請けや職人への先行支払いに追われてしまうことになる。

廃《すた》れていく「信用」という社会習慣

昭和後期から平成初期の時代までは、仕事も増える一方、賃金も上がる一方であったため、仕事や支払いの貸し借りや、一時的な助け合いといった工事現場ならではの、アットホームな職人付き合いもあるにはあった。しかし、数十年にわたる不況の影響と、金融引き締めにより、元請け工事会社から末端の職人にまで、みな余裕がなくなっていったのである。

そういった事情が顕著になればなるほど、ただ単に大工の能力が高いからといって元請けをやろうという人材は減ってくる。収益率が下がっていくにもかかわらず、責任リスクだけは大きくのしかかるからである。

また、耐震偽装事件、傾斜マンション事件などの、それまで考えられなかった建設業界の信用を失う不祥事が拍車をかけた。

建築制度や建築関連の法律の改正と、法遵守のための厳罰化である。

建設に関する法律は近代になって、明治政府により整備されたもので、太平洋戦争後の国家体制の変換時に再度、大きく制度が見直された。いずれにしても建築行為は衣食住その他人間の生活に即した活動であり、近代の法整備以前から存在しているため、法律の分類でいえば、慣習法という既存の慣例や商習慣なども含めた社会通念から導き成立させたものである。そのため、建築士制度や構造技術基準も伝統的技術や職能の慣習との妥協により法の体系が作られていた。

そのような事情もあって、法の運用も、犯罪行為をあぶり出すというより、常識を書き連ねてあるようなものであった。

戦後から高度成長期にかけての、建設工事における有資格者の登録や各種届け出など、その業務に携わる者は、不正をおこなえば業務ができなくなるだろうから、業界内での監督や指導により業務上の信用を守るはずである、という性善説で成り立っていたわけである。

評判がよくなければ仕事は続かなく、評判の悪い業者は淘汰されるであろうということである。

飲食店における、食品衛生を守り品質のよい食事を適正価格で提供すれば人気店となる、清潔で美味しい評価の高い店は老舗となって、そこで働く料理人は信用を増し暖簾《のれん》分けができる、プロはすべて善意で業務に携わる、というようなものだ。

特に建設業は依頼を受けて完成するまでの時間も長く、完成後のメンテナンスを含め、クライアントとの付き合いが続くため、手抜きやり逃げができない業界である。

たとえば、建築の強度を確保するための基準は、プロなら当然守るか、もしくはそれ以上の性能を盛り込む。

予算に余裕があれば思いの外《ほか》高品質な素材を使っておくなど、基準を監督したり、知識や技術を保証するのは資格や学歴ではなく、実績と信用だったわけである。

その道のプロであるならば最低限の基準や性能はいわずもがなクリアしているという、社会通念が浸透していたわけである。

建設に関わる法も性善説から性悪説に変わった

同時に、その建築の耐震強度や材料性能についても、ギリギリ最低限を示すものでもなく、物理的な許容値に安全率というものを掛け合わせてあるため、物理的な崩壊値が10だとすると基準値は12とか15だとか、一定の割合で余裕を見ているわけである。

そこは法整備以前の職人の勘というものも同様で、あまりに余裕を見すぎることはオーバースペックとなりコストや時間に跳ね返るが、かといって余裕のないギリギリの計画にはしないものだった。

つまり、耐震偽造事件以前の高度成長期における手抜きや欠陥というものは、その安全率の範囲での、許容値内での材料の節約や荒っぽい仕事にとどまっていたのだ。

建築物の安全性における決まり事には、余裕があるという前提で、いわば小さな不正、もしくは法体系以前の古い慣習の範囲であったろう。いわゆる現行法にはそぐわないかもしれないが、これまで存在し維持されてきた建築、それらを総称して既存不適格建築と呼ぶ。現行法にそぐわない違法状態ではあるものの、使用可能である、という状態である。

しかしながら、そうした小さな不正や既存不適格状態であることによる被害、大きな地震や事故に遭遇すれば、余裕のない建築から被害を受けるものである。

そこで我が国の建築の法律は、災害が起こるたびに、法改正がおこなわれ、指導や講習の実施によって、徐々に改善されていったわけである。

通常の建物は構造強度には余裕がある

そのような、社会通念上の性善説で成り立っていた建設行為を震撼《しんかん》させたのが、2005年の耐震偽装事件である。

これは知識や技術のない者が監督する工事現場が、勘や無謀で手抜き工事をおこなったり、材料選択の不正をおこなったりしたものではなく、計画段階、設計段階で構造計算技術者が不正をおこなったということで、前代未聞の事件だったのである。

建築の構造計算は、前述のように耐震設計において、たとえば速さを競うF１カーの軽量化しながらボディ強度を確保するとか、速度だけでなく輸送物資と燃料重量などを含めて強度を検討する飛行機設計や宇宙衛星などのように、物理的に崩壊スレスレを見定めながら、構造強度設計をおこなうエンジニアリング的発想に加えて、安全率という最後の掛け算によって、制度的に大きく余裕を見ることになっている。

そのため、どれくらい建築物の耐震や荷重に余裕があるかは、ほとんどの建築技術者はある程度わかって施工しているものなのである。

逆にいえば、これは通常の建築物が案外強く、工事現場での少しの間違いを吸収し、使用者側での過剰な用途にも耐えられることを示しており、建設後に基準値の間違いなどが発覚しても、検証により安全が確かめられたり、容易に補修や補強ができたりするものなのである。

建築業界を揺るがした耐震偽装事件

それが件《くだん》の耐震偽装事件では、建築確認申請における審査機関が何棟かの耐震構造強度の偽装を見逃しただけでなく、不正や偽装が発覚後にデベロッパーや建設会社、施工者ではなく、構造設計者自らが偽装や不正を認めた。しかも認めただけでなく安全率にも余裕がなく、取り壊さざるを得ないことにも同意したわけである。

同時にこの事件の捜査や調査過程において、建設業者や設計事務所の有資格者の存在を偽装したケースなども続々と明るみに出ることになった。

これまで工事現場で想定していた余裕がない状態、手抜きや職人的勘による間違いといった修正可能なレベルではない、建設物の危険な構造的欠陥が何棟にもわたって発覚した。手抜きや雑な工事では金銭や労務などにおける利益を得るはずのない立場の建築構造の技術者や、そうした不正を監督し是正する立場であるはずの建設技術者がおこなった不正ということで、世の中を騒がせただけでなく、戦後の建築法制度の抜本的見直しがおこなわれる契機となった。

法律の規制を厳しくするとか遵守を促すといったものの前に、建築に関する法の考え方そのものが変わったのだ。

建築業界は不正をおこない信用をなくすような人材や組織は非常に希なケースである、という性善説から、不正をおこなえないような法的枠組みに変えていく。性悪説への法と運用の転換である。

建築法規の遵守と厳罰化

結果、悪貨は良貨を駆逐する、ではないが、法律の規定以上の性能を発揮している建築技術であっても、許認可や届け出の遵守のほうが優先されるようになった。

同時に各工事現場における建築技術者の配置基準や人数についても厳格化が求められた。また、いわゆる名義貸し、実際にその企業に所属していない建築技術者や管理建築士の国や地方自治体への登録などの届け出も厳粛に管理されることになった。

もっとも大きな変化は、建築士の定期講習制度により、企業に籍だけを置いている高齢の建築士資格者にも、最新の法制度の知識や運用を遵守させる厳格化により、定年後の再雇用を受けていた層も、業務意欲のない人は引退することになった。

一般の木造住宅工事の世界でも、住宅ローンの申請から実行までの間におこなうべき建築確認申請に関わる手続きは、それまでのように形だけの書類提出は不可能となり、中間検査等の経過報告も含め、完成後の検査までも必須となった。

それらの対応で、巷《ちまた》の昔気質の職人大工だけによる住宅建設は徐々に難しくなり、棟梁自らがあらためて建築士資格を取得するか、身内や従業員に資格取得をお願いするか、設計事務所との連携によるグループ化をしなければ、請負を続けることは困難になってきているのである。同時に建築士資格者への業務報告や就業形態の適性化と遵守化により、業務に携わっていない身内の資格者による登録なども是正されていった。

建築技術のファスト化がはじまる

結果として、それまでの建設産業の性善説的解釈による、許可申請などの後付けもできなくなったため、着工後の変更や一部のリフォームにおいても、使われる素材の認定番号などあらかじめ厳正な審査を必要とすることになった。

届け出時に手間のかかる特殊な新工法や新素材を使用した設計や、逆に昔から使われていた手法であっても、評価の定量化が難しい伝統的素材や工法なども敬遠されていくようになった。認定や許認可に最適化したなるべく普遍的な手法や工法と素材に収斂《しゅうれん》しつつあるのが現代の一般の家造りである。

その結果、建築工事における新たな挑戦的な開発研究よりも、経済的事業性や融通性が優先され、特別な職人技術よりも普遍的な認定素材や認定工法の選択のほうに流れていった。

本質的なものづくりは、その志望者にとっても育成者にとっても習得の動機付けがどんどん弱まっているのである。

早い、安い、簡単なものを優先する技術者のファスト化である。

意思決定者不明、責任者不在という人材のファスト化

こうした人材のファスト化は意思決定のプロセスにおいても顕著な無責任化、責任者の不在をもたらしている。

それは、誰がどういう理由で意思決定しているのか、という問題である。

元々の古いタイプの建設現場では、前述のように棟梁と呼ばれる大工のトップが意思決定をし、その補助者の意見も聞きながら、現場からの報告に棟梁がさらなる指示を出すというシンプルなものだった。そのときの技術的責任も社会的責任もひとり棟梁が負うのである。

それが徐々に設計技術者や許認可権限者の意見やルールを優先するとなると、意思決定はルールとなり、許認可権限者となるはずなのだ。

しかし、性悪説で細かく整備したとはいえ、建築法規はあくまで慣習法であるため、実際に建築を実行する前の様々な届け出に従ったはずの建築確認制度とは、「確認」の名の通り、許可ではない。立法や許認可権限をもつ議会も省庁も、基準の運用を実行する行政も、建設者の目論《もくろ》みが法を遵守しているかどうかを「確認する」だけであって、結果責任の生じる「許可」をしているわけではない。

つまり、あくまで責任を取るのは設計者と施工者なのである。性悪説を採りながら、かといって悪かどうかの判断はしないのである。

同時に性善説により建設事業者に善を信じて任せているわけでもない。

工事金額の適性化という名のファスト化

　また、建築確認申請制度は現在、ほぼ民間審査機関の事業者に委託されており、民間の審査機関も建築確認申請制度の業務範囲内でしか判断をしない。一般的な法の解釈の習慣性の中での確認判断となっている。

　あくまで、建築基準法の解釈の範囲を巡って、無責任化できるかという予想と、もし何か問題が起こっても自分が見逃したわけではないという、忖度《そんたく》の付け合いで現在の建築行政は進んでいるのである。

　かつての、なにもかも棟梁に任せておけばいい、という習慣を不可能にしているもう一つの大きな制度は、設計と施工の分離入札だ。

　不正入札の防止や建設費用の抑制という意味で、設計者と施工者が一体となって設計・施工で工事をおこなうことは、入札の建前上はできなくなっている。設計者が作成した設計図を公平に工事入札者に情報提供し、公平な設計図から見積もりをおこなうことも厳格化されているからである。工事金額を算定する場合に、公正な競争力を働かせるには同一仕様の同一素材、同一工法の同一図面でなければならないという原則は分かる。

その一方で、設計者の決定に合理性や価格適性が担保されているとはいいがたい面もある。それは、施工上の練度や廉価性が、目的の工事に最適化されているかどうかという点だ。

設計と施工が一体化すると、施工者の勝手な仕様や工事価格決定を許し、工事の適性が図れないということが、設計施工分離の原則であった。本来なら、そのような分離した入札ならば、より安い業者による競争入札によって、工事金額の適性化が図れるという目論みであった。

設計は工事予算の枠までも保証するものではない

しかし、昨今の公共事業における入札不調というケースは、資材や人件費高騰もさることながら、設計者があくまで工事内容や工事単価や手配コストにまで気を配るには、知識も経験も少ないということ、そして、予定価格内で工事できることについての責任もないため、設計時に施工性や施工の合理性が充分に練られていないという問題である。

設計ができた時点で、予定工事価格設定の現実性が薄い、という弊害も起こるのである。

かつての設計施工一体のときのように、設計内容と施工価格の見込みについて、事前に話し合われていないこともあって、現実的な工事費用に落とし込めないような設計だけが、先行して進んでしまうこともままあるのである。

設計が取り組むのは機能とデザイン

つまり、設計者は建築の機能や配置計画、導線計画について配慮し、全体個構造計画や外観造形についても検討したうえで設計案を作成しているが、それは設計業務にのみ特化されたものでしかない。

施工者側の合理性についての配慮ができていないケースも起こりうるのである。

昨今の人手不足は建設職人だけでなく、大手ゼネコンの工事監督や受注営業人材の払底もあって、受注工事量には限りがある。かつてのように、そのような価格上昇を招きそうな設計案であっても、大型案件の工事経験を得たいというケースや、他の現場との兼ね合いで、利益率を低くしてもその案件を入札してくるような業者間の競争は余り働かなくなっているのである。

そのため、予定工事費と乖離《かいり》のありそうな設計案件では、応札する業者も少なくなるか、そもそも入札条件を確認した時点で、見積もりに参加することも回避しているケースも多くなっているのだ。

結果として、必要とされた計画を予算に合わせて、最後まで適正に完成まで導ける人材は現在、我が国には建設の受発注の制度的にもいなくなっているのである。

根付かなかった「コンストラクションマネジメント」という制度

欧米では、施主に成り変わり建設プロジェクトを遂行するCM(コンストラクションマネージャー)という職種が数十年前から存在している。

2000年代よりこの制度を我が国でも導入しようとしたものの、施主からの委託と発注の狭間《はざま》で、建設業法との整合性がとれず、発注権限のないアドバイザーの役にとどまるか、結局建設業許可をとって、建設業者と同列の扱いとなってしまい、CM業は未熟なままにとどまっている。

結果として、我が国のかつての大工棟梁のようなプロジェクトマネージャーは、未だ存在しない。

特に大型公共工事では、予算配分と計画を立案する金融系シンクタンクのプランナーと、補助金や行政手続きを請け負い基本計画を策定する建設コンサルタント、具体的な建築プランを作成し許可を申請する設計事務所、入札に応じて建設をする建設会社までが、別々の組織や人物であり、トータルな計画責任者は存在しないままなのである。

当初の計画が、関係者の利害調整や住民説明も問題なく進み、予算も確保され、数年で完成を見るようなら問題ないが、計画当初から利害関係者がまとまらず許認可も苦労するような大規模な開発では様々な問題を行政に残すことになる。

上記のプランナーや施工者までの中で、最初から最後まで関わる人材が入れ替わり、計画中に施設を必要とした社会背景が大きく変化したり、着工時には既にその存在意義を失ってしまう施設も目に付くようになってきている。

こうした計画の齟齬《そご》を直視することなく進めてしまったあげく、施設維持そのものに窮しているケースもある。

高度成長期に見られたような公共事業は、その後数十年の使用にも耐えて、必要不可欠な施設や下水道などインフラ計画がほとんどであった。現在それらをすぐにでも更新しなければならなくなっている社会状況がありながら、なんのために建てたんだろうか、と誰しもが訝《いぶか》しむような公共施設は、いくら補助金が入ったからといって、計画を持ち込んだシンクタンクに、本来は責任があるはずなのである。

いかに計画立案プランナーの質が低下しているか、先を見る目がなくなってしまっているかも、政策立案者のファスト化、ホワイトカラー人材のファスト化といえよう。川上の計画立案者や政策方針がファスト化すれば、当然その下位構造にある各地のゼネコンや建設業界も、その舵《かじ》取りに苦労することになる。

建設現場における進まぬIT化と進む後期高齢化

建設現場では必ずしも大工が棟梁として指揮しなくても、大手建設会社が元請けとなって建築士が図面を書き、現場を指示するような分業体制と企業化が進んだわけである。

その一方で現場でもはや若くもない人が、相対的に若手のままというのは、本当に若い人材が建設現場の職人仕事に入ってこなくなってしまったことが大きな要因である。

かつての建設現場での先輩後輩の関係を維持したまま、年齢を重ねていき、次の後輩が生まれていないため、人材の技術継承や事業継承が進まないのである。

その結果、本来ならとうに引退し、若い世代に仕事を譲っているはずの60代、70代までもが現場に駆り出されている。

これは、年金支給額が生活を維持するのに不十分で就業せざるを得ないという事情だけではなく、辞めてもらっては困る元請けからの慰留が続いていることによる。

技術継承の面では、現場の職人だけでなく、設計や企画デザインというホワイトカラー人材でも同様なのであるが、次世代が習得している技術や知識には専用の機械やIT機器がないと仕事ができなくなってしまっているという実情がある。

GPSの進歩と普及により、かつてのように人力で測量機器を用いて距離や位置を計ることができないとか、レーザー水準器や距離計が一般的になり、メジャーや巻き尺、手持ち水平器や下げ振りでの垂直測定を間違っていたり、電動工具なしの加工ができないとか、コンピューターやCADソフトの普及で手書きで設計図作成や指示ができないなどである。すると、現場即応の事態や停電などのトラブルやアクシデントがあると、いっさい手も足も出なくなってしまうような状況に陥る。

特に遠隔地や夜間工事などでは、そうした機器のトラブルに対応できる店もなく、また

大工就業者数の推移

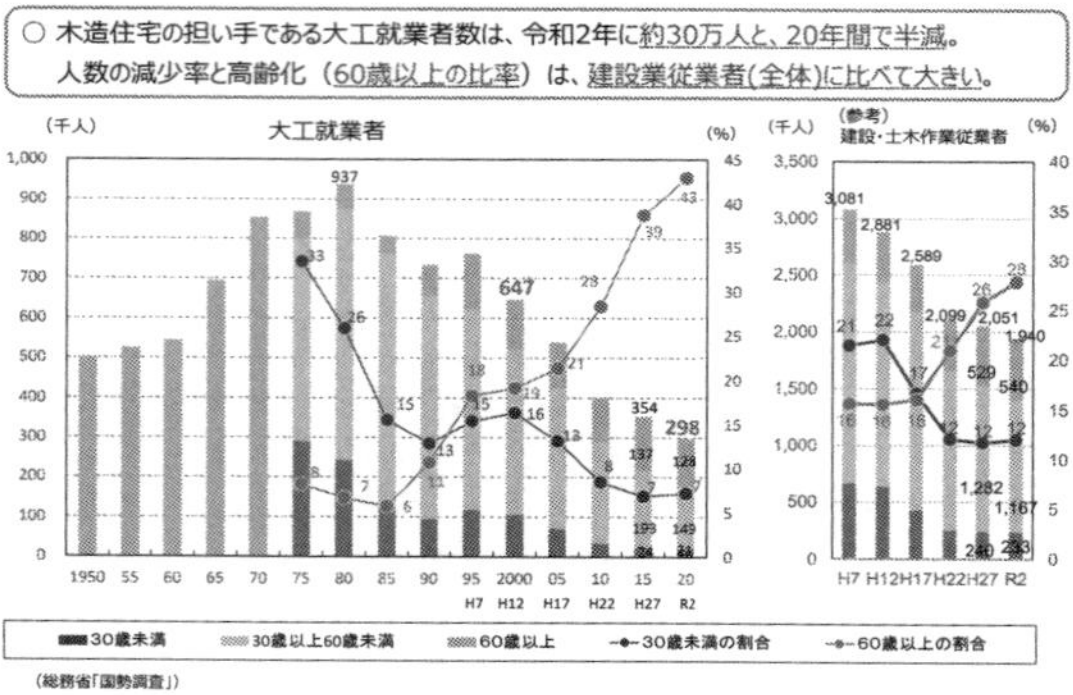

国土交通省ホームページより作成

通常の業務時間内ではないため、昔取った杵《きね》柄《づか》で器械やパソコンなしで対応できるのが、高齢の作業員や技術者に限られてしまうという事態だ。

また、規格化に向かう建築工法では、接合寸法も規程され、工場であらかじめ作りあげた部材を、現場で組み上げ、取り付け作業だけで済むように合理化や簡素化された工事手順に馴《な》れてしまった今の職人や技術者は、規格外の素材や寸法の異なるモノ同士を接合したりするときに必要な現場加工など、実務経験がなく対応できない。

つまり、急ぎの現場で予算が少ない状況でも、なんとかそれなりに仕上げる、収めることが、高齢の技術者や職人にしかこなせないという実情があるのだ。ある意味現場のご意見番やお手本としても、いまだに現場に欠かせない存在というわけである。

そのような後期高齢者の熟練職人が、近年、とうとう無理が利かなくなって引退が始まったのである。

かわりを務められるような人材は若い世代には非常に少ないだけでなく、手刻みの木加工などの指導を受けられる機会は、何十年に1回あるかどうかの、神社仏閣の工事や特別な高級家具の指物とかに関わるなど、今日の工事現場ではほぼないというのが実情だ。

手間を減らす建材の規格化と代替工法

こうした実情は料理の世界で一足先に起こっている。かつてどこの街にも魚屋さんと和食の仕出し屋さんがあり、板前さんが居たものだが、そうした和食の目利きや技術者は巷からはいなくなり、高級割烹《かっぽう》や料亭にのみ存続している。

それと同じことが、木造大工の世界でも今まさに起きているのである。

そのような大工不足、職人不足に対応するため、各木造住宅のハウスメーカーや大手建材メーカーは、より規格化と施工性の向上を高め、熟練度が低くともそれ相応の仕上がりが可能な製品の割合を高めている。

それが、手仕事により本物の木を手間をかけて切ったり削ったりしないで済むように、木目をプリントしたアルミや樹脂材に取って代わっている。さらには、建設現場で実務経験のない者でも転職や参入をしやすくする様々な代替工法も増えてきており、徐々に専門職の活動範囲を狭くして対応しているのが、この十数年の傾向である。

皮肉なことに、専門職の必要頻度が下がればその分、その職種へのエントリーの機会も熟練の頻度も減り、益々人材が育たなくなり、さらなる建築作業の普遍化一般化へ突き進んでいるのである。

それが建設人材のファスト化である。

設計デザインの規格化

こうした建設現場の変化はそのまま管理職である建設業界のホワイトカラーにも波及し、少ない作業工程と規格化された選択肢の中で、設計やデザインをおこなうようになっていく。寸法にバラツキのある自然素材は避け、いわゆる伝統的な木材や石材を使わない設計に向かうことになる。

その結果、建設活動の意思決定の上流である企画の段階で、工期や工事金額の変動の少ない一般化された工法や単純な造形を念頭に据えた建築の構造計画をおこなうようになり、設計やデザインだけでなく、エンジニアリングの人材は特殊解に向かう検討を避けるようになった。

一定の柱や梁の大きさで成り立つことが分かっている、構造部分のオブジェクトや単純な形式のセルの集合から、全体を構想するような傾向が増えた。

ソフトウェアの世界では当に先行していたシステムのオブジェクト化である。

全体での造形は法規制に沿うだけの制度最適化が優先され、設計デザインの審美眼や視覚的秩序を練り上げ、体感的な快適性を検討する暇もなくなる。

建築の構造形式や容量が、単純化かつ最大化されたうえで、それらを覆うだけのデザイン、いわばラッピング的な、素材による最終表現のみを扱うことが、建築の意匠設計やデザインだと思い込むような人材を多数輩出していくことになった。

構造的にどのように物を作って、どのように取り付けたら、何が起こるか、ということを検討しないで、「外部板張り」とのみ指示する。現場は、もっとも簡便な方法でそれを実行するのみである。

そうした傾向が、第一章の「腐る建築」と揶揄《やゆ》された、表面処理のみで建築をデザインしていく傾向にも繋がっているのである。

疲弊する林業と木材のファスト化

日本の林業支援のための建築を考えるのであれば、当然に国産材の活用を第一に掲げるべきなのであるが、日本の林業は他国に比べ圧倒的に不利な条件にある。高温多雨で多様な植物が生息し、樹木の繁茂にも適性があるはずの国土であるなら、どこが不利なのか、という疑問が湧《わ》くかもしれない。

しかし問題は、樹木の植生や生育ではなく、樹木の管理と伐採や出荷における産業背景のハンデなのである。

現在、我が国が木材調達で頼っている外国は、北米や北欧、ロシアである。北米は特にカナダの針葉樹が主体なのであるが、実際にカナダの材木商社や林業者の元に出向いて、木材買い付けに携わったことのある筆者が、我が国との違いを実感したのが、樹木の育つ大地が真っ平らであることだった。

日本では樹木は山に育つ、しかも傾斜の強い急斜面であることが多い。林業に携わる者はみなこの急斜面で樹木の管理をせざるを得ない。

それに比較して、北米やロシアの大地は平らである。傾斜はあったとしても緩やかで徒歩だけでなく、自動車や重機の進入も容易である。そのため、針葉樹林は生育樹木ごとに綺麗に管理され、管理のための道路も伐採出荷のための道路も整備しやすく通行も容易である。

同時に大型重機の搬入も可能であるため、一度に多くの丸太を運搬でき、大型の製材所の確保も容易である。植林から成長管理、伐採から製材しコンテナ出荷までがワンストップでおこなわれているような現場も多数見受けられる。寒冷地であることの違いを除けば、ロシアの林業現場も同様だ。

我が国の林業の実情

一方、我が国の林道とは山の尾根を縫った杣道《そまみち》であり、自動車の入れるような林道整備には多大な予算を必要とし、山林の管理の前に林道工事そのものが至難となってしまう。

かつて、人の手で道作りをし、山と山をケーブルカーやトロッコで繋ぎ、奥深い山の中で切り倒した丸太を、人力で運搬機械のある場所まで運び、そこから途中の危険な崖地や谷間を越えて、やっとの思いで製材所に運び込む。製材所は谷間の限られた平地に設置されたものの、電気や燃料などの引きこみや運搬にも苦労するような場所である。

そうした小規模な製材所で加工された材木は、またも人の手やロバや馬で細い林道を伝い引き下ろす。広い国道に繋がればいいが、そうでない場合は川に流すこともあり、丸太を無事に川下りで河口まで運ぶことも危険を伴う大仕事であった。

このような苦労をともなう材木流通には当然ながら各種の費用も人件費もかかることになり、北米やロシアのように樹林産地からコンテナで積み出し港まで直送できる環境とは大いに異なり、販売単価も割高となってしまうのである。

そのような事業環境の中でも、戦前は材木および木加工品は日本の主な輸出品目のひとつでもあった。同時に原木の丸太や木加工品には30％以上の関税がかけられており、海外から木材を輸入するといったこともなかった。

戦時中の需要だけでなく、戦後の復興期にはまちづくりや家造りに大量の木材を必要としており、木材価格の急騰や敗戦後のＧＨＱの占領政策の中で、国産材だけでは木材需要がこなせないということで、木材の関税は撤廃の方向となり、１９６１年より木材の段階的な輸入自由化が始まったのである。

我が国は国土の70％近くが森林であり、戦前から続く植林計画もあり木材の自給率は90％近いものであったのだが、案の定、このときの関税30％からゼロという、急激な輸入自由化により一気に木材自給率は40％台にまで下落した。

以降は木材価格も下がり続け、国内林業は原価率が高いにもかかわらず、木材価格は低迷を続けているため、利益が取れず国内の林業従事者は減少する一方なのである。

このことは、森林のもつ環境維持能力、治水能力等にも影響を与え始めており、山が荒れることで、水害が引き起こされる頻度が上昇しているのも、異常気象や気候変動だけでなく、この林業衰退が影響を与えている可能性もあるのだ。

この木材輸入自由化の流れは米軍による占領下で始められたものだったとしても、それまで数百年以上も続いてきた国内自給の木材供給力や、そこに関わる多くの就労者や林業を維持する文化や人材、木材木工製品を生み出す地域や文化といった多くの人材を十数年の間に一挙に失っていったという意味では、政策の失敗であり、建設産業の人材ファスト化の中でも、壊滅的なものであったと言わざるを得ないであろう。

工事監督に求められるスキルと仕事内容

建築素材の製造現場でも人材不足、工事現場の職人不足という大問題に加えて、本当に建設業界の屋台骨を揺るがし始めているのが、工事監督不足という問題である。

中小建設業者の場合には、社長自らが監督したり、小さな現場では監督はひとりであったり、ひとりで数軒の現場を掛け持ちすることもあるが、大手ゼネコンが受注するような大型建設現場の場合では、工事現場を監督する元請けの本社人材が、ちょうど映画製作における、監督、助監督のようにチームを組んで数名で工事現場を管理することになる。

この道30年といった工事現場の監督は、現代の棟梁ともいえる存在で、ちょうどオーケストラの指揮者のように現場で工事に携わる様々な業者、基礎工事であるとか鉄骨工事であるとかガラスや窓工事、配管工事、電気配線工事といった、ジャンルの異なる作業者を、工事の進捗に合わせ手配したり工事完成まで作業指示をしたりするのが仕事である。

現場監督の１日の業務事例

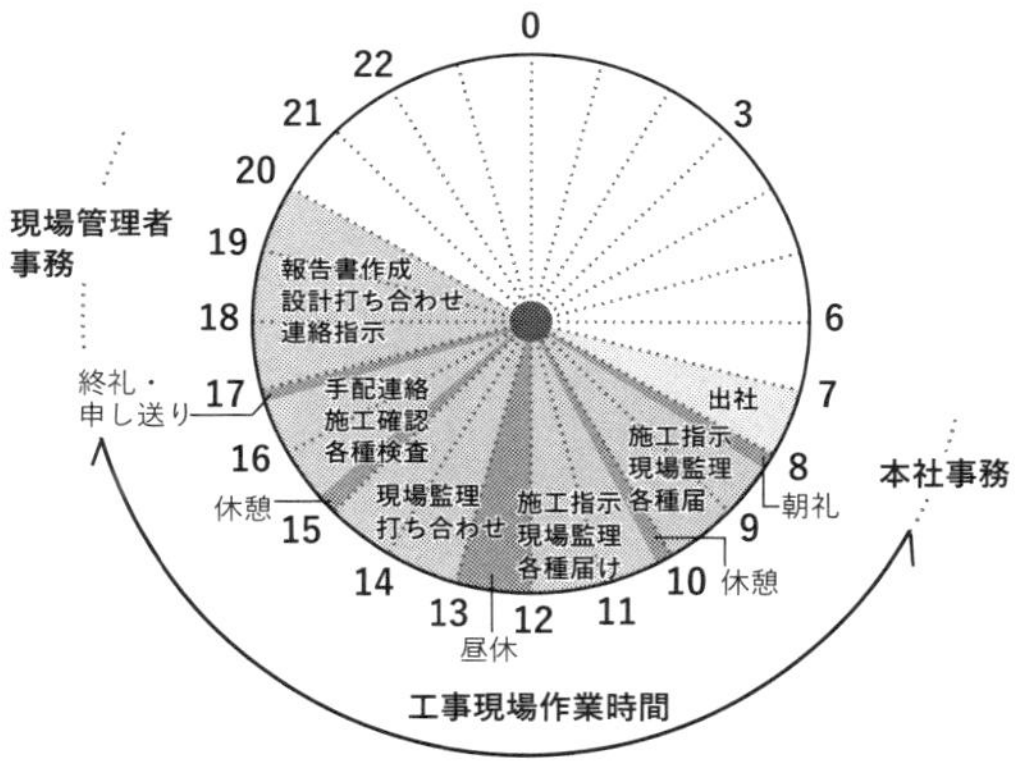

着工から数年もかかるような工事であれば、進捗状況次第で費用の増減も甚《はなは》だしく、建材の市場価格の変動や人件費なども考慮すれば想定利益を確保しながら、予定の完成時期に合わせるのは至難の業である。

その日々の業務内容を知れば、工事現場の監督の激務が分かると同時に、この職種に就こうと思わない若者が続出している事情も分かってくるのである。

まず、工事現場監督の仕事とは、知識レベルや技術レベルの異なる者同士のコミュニケーションや目的の共有を図る、情報の翻訳・翻《ほん》案《あん》能力が必要とされている。

一般的に、建設計画のスタートは事業構想である。ある土地が存在して、そこにある機能を持った建築物を構想する。目的は何か、現代社会において建築目的になり得るのは、公共サービスか社会資本の整備か商業利益か趣向の満足か、といったところである。

たとえば高層マンションであれば、土地を仕入れて建設工事費を負担して出来上がった多数の住戸を販売した結果、仕入れと建設原価以上の収益を得るということになる。

公営の文化施設であれば、広く市民にアピールし利用が促進され、利用しやすくリピーターからの評価によって、企画した行政への満足度を増すといったところであろう。

そのような建築目的に則って構想された建築を現実化するため、工事会社には、まずは完成模型やイメージパースを含む設計図として、その情報が渡される。その膨大な設計図と各仕様を読み込み、各種工事下請けに設計図から得た情報を工事見積もり可能な情報として、嚙み砕《くだ》いて伝えなければならない。

監督の仕事は情報の整理と嚙み砕き

なぜなら、設計図とは完成する建築の様々な建築情報を網羅し、記号化された情報の蓄積といえるものであり、その情報は実際に施工する各下請け業者にとって、必要のない情報や普段の作業工程と異なる仕様までもが書かれている、多すぎる情報を含むものだからである。

つまり、建築全体の構想を伝える設計図と、実際に施工をおこなう各専門業者にとって知りたい情報はイコールではないからである。

たとえば、元の設計図に「床は大理石貼り30センチ角で」と記述されていたとして、その情報だけでは、石を貼る業者には不十分だ。

厚みは？　目地幅は？　石の目に対する考慮はいるのか？　また床の境目では石の張り替えをするのか？　といったような作業上の多くの疑問や指示が必要になるのだ。

そういったときに工事監督とその補助業務者は、石の厚みは石自体の強度と、床の下地からの仕上がり台を考慮すると厚み20ミリ、目地幅は5ミリといった付帯情報までを与えなければならない。

それはなぜかというと、設計図に示されている情報は、床を30センチ角の大理石で綺麗に貼ってほしい、というところまでである。しかし、実際にその状態に石を床に貼ろうとするには、床の下地が何か？　によって、準備も後工程も何もかも変わってしまうからなのだ。

現場は元請け工事監督と下請け担当者のチーム戦

その事前の段取りにも当然ながら工事コストは掛かってくる。そのためかつては、工事監督は自前のチームというか、自分の息の掛かった職種ごとの下請けの仲間を持っていた。○○建設の監督、鈴木さんなら「鈴木組」とか「山田G」といったように、鈴木さんの仕事ならば、駆けつける、すぐに動く、山田さんの現場なら、言われなくとも手配する、といった具合に下請け業者の各種社長や部長クラスの決定権のある人材が、所属企業の狭間を越えて付き合っていたわけだ。そのことによって、監督の業務の一部が下請けの業務者に成り代わってもらえるのである。

先ほどの石貼りの例でいえば、石工事の下請けに「石は30センチ角で貼るけどできるだけ目地細く頼む」というだけで、下請けの担当者は、「あの石種ならば強度的にこの厚みになるから、下地にはこうしよう」と付帯工程を判断したり、「あの石は商社情報で採石している国が紛争に巻き込まれ、在庫が少なくなっていると聞いたから、発注しておこう」といった動きになる。

つまり、この下請けは元請けの鈴木監督のこれまでの仕事上の対応関係から「信用」しており、まだ正式な発注がなくとも、先回りをしてでも仕事を円滑化しようと配慮しているわけである。

見積もり承認もないのに先行発注して大丈夫なのか？　と、他者は思うかもしれないが、これまでの長年の付き合いの中で、鈴木監督なら下請けを泣かせない、困るようなことはしない、という判断が働くのだ。

もし、せっかく準備していた段取りが不意の変更で必要なくなり、この押さえた石材が無駄になりそうな場合でも、監督に事情を話すことで、じゃあ別の現場にその分回すから、そのままでいいよ、といったフォローもしてもらえるという信頼関係ができている。

そこにはお人好しの人間的関係だけではなく、監督には受発注の権限や支払い決済の権限もあるからだ。

一方、監督のほうの事情で何か失敗が起きたとき、やり直しが起きたとき、どうしても工期を間に合わせる必要に駆られた場合には、この「鈴木組」や「山田G」に加盟している下請け業者達は、いの一番で飛んでくる。別の現場を止めてでも馳せ参じる。夜間作業でも仲間を集めてなんとかしてくれる関係ができあがっている。

こうした、下請け業者のチームを数多く持っている監督こそが、名監督として各ゼネコンには十数名存在し、見事な仕上がりや奇跡的に迅速な工事がおこなわれていた。

その監督の下で助監督的な補助業務をこなす部下は、将来の名監督の候補達というわけだ。筆者が大学を卒業し建築設計実務に携わり始めた今から40年近く前は、こうした工事監督がどこにでもいて、設計者といえども監督から仕様や工法でダメ出しをくらったり、年齢が親子ほども離れた若者といえども設計者の立場を重んじて、施工者としての節度を守ったりするなど、人間味のあふれた経験をさせてもらった。

今でもその名が忘れられない監督も多くいる。

こうした名監督は部下に慕われるだけでなく、下請け工事会社の面々からも頼りにされ、大安休日などは結婚式の仲人《なこうど》でスケジュールが埋まり、その後も家族の出産報告、就職報告や卒業報告など、人生を共に歩むような関係であったわけである。

現場監督にあったお金の権限

かつての工事監督には、工事の受発注の権限や支払い決済の権限もあったために、トータル予算による利益確保を確実にこなせば、複数の各担当現場の裁量も任されていた。現代のように資金移動がオンラインでできるわけでもなく、帳簿も手書き管理であり、社内で一元化されていなかったためでもある。

１００億円以上の工事現場といえば、メーカーの支社や小売店舗の売り上げ以上であり、それだけの資金を動かしていた。当然ながら、工事現場ごとに経理部や総務部的な機能も置かれ、現場事務所には食堂などもあり、いかつい工事作業員ばかりでなく女性事務員や技術員も存在する、一定期間だけ存在する会社のようなものだったのである。

結果、こうしたチームワークによって工期が短くもなり、予定していた費用が抑えられたりもしたのである。

が、その一方、こうした明文化されない人的なスキルや、公私の境目がなくなってしまう受発注関係が、不正やハラスメントの温床になっていた面もあったのは事実である。

特に、大手ゼネコンで現在のように本社管理の受発注が徹底されていない時代には、前述の工事監督の私的グループは、工事費の水増し、工事内容の勝手な変更、発注先や手配する素材の入手経路の変更などがおこなわれ、俗に言う日雇い人夫の手配には、反社勢力なども入り込むような時代もあった。

そうした中には、大手ゼネコンのサラリーマンでありながら、給与の何倍もの金銭を手にしていたり、私的な物品を他社に買わせたりといった不祥事も発覚していた。

それは現在では一掃されているとはいうものの、発注権限を失った工事監督には臨機応変とか、不測の事態に対応する力も失われてしまったのである。

ならば、本社にそうした工事現場の実態を把握できている経営陣が揃《そろ》っているかといえば、そうでもない。その点が、今日《こんにち》のゼネコンには、かつてと比較して、頼りなげな姿と映っているのは、筆者だけではないだろう。

今も昔も大型建設現場には大量の資金や人材が投入されるものだ。そして、着工から完成までの決められた期間にしか存在しない臨時の組織でもある。

そのような延べ何万人という人材と数百数千億円という資金を動かしている工事現場の監督が、ファスト化していることは、大変に残念なことでもある。

こうした人材こそが、現代の複雑化した利害関係の中で最適解を粘り強く見出してくれるような人的スキルを潜在的に持っていることは間違いのない事実だからだ。

これまで見てきたように、建設の作業現場でも構想の現場でも、さらには素材生産の現場でも、早く、安く、手軽に、を優先する状況は起こっている。

本質的な職能や個人の能力を発揮するその前に、生産性、事業性、時短、コスパ、といったものが要求されており、以前のような専門性の高い人材の再生産がおこなわれなくなり、専門性を徐々に無くしていく。専門家の必要性や特別なスキルを削っていくことを優先した短期的な経済性が大義名分となり、人材のファスト化が起きているのである。

第五章　都市のファスト化

美しい国づくり政策

現在から20年ほど前のことではあるが、我が国政府は「美しい国づくり」という政策を掲げたことがある。2007年第一次安倍政権のときのことだ。

逆説的に考えれば、政府がこのような指針を表明するぐらいに「美しくない」事象が進行し続けていたからといえなくもない。

当時、この「美しい」という感性に基づいた曖昧な定義について、いろいろな議論がなされたわけだが、当時の内閣府がまとめた世論調査において、人々が考える「日本の美しさ」とは、いくつかの回答の中で上位の4項目がある。

まず人々の8割が支持したのが、「山や森などの自然」、6割近くの人が支持したのが「伝統工芸などの匠の技」、5割以上の支持を集めたのが「田園・里山などの景観」、「歌舞伎《かぶき》や祭りなどの伝統文化」であったという。

つまり、日本という国土において特徴的な自然景観、そこで暮らす人々の生活技術としての工芸に生活空間としての集落の景観、および祭礼や芸術文化とまとめられるだろう。

そこが危機に陥っているという自覚が誰しもに芽生《めば》えていたのが20年前のことであった。

そこで、それが政策目標のひとつに掲げられ、内閣官房の事業となり、かつて国土交通省が2003年に掲げていた「美しい国づくり政策大綱」を政策の具体的目標として採用した。

その内容を今一度確認してみると、6つの取り組みが掲げられている。

1. 地域の個性重視　歴史、文化、風土など地域の特性に根ざし、自然と人の営みの調和の下で地域の個性ある美しさを重視していく。
2. 美しさの内部目的化　美しさの形成を、公共事業や建築活動などの際の特別なものとして実施するのではなく、原則の一つとして位置付ける。
3. 良好な景観を守るための先行的、明示的な措置　現在有している地域の良好な景観を守るためには、損なわれる前に法規制をかける等先行的・明示的措置を講ずる。
4. 持続的な取り組み　景観・風景は長時間にわたって行政、国民個々人、企業等の様々な主体の役割分担と協働により形成されるものである。
5. 市場機能の積極的な活用　良好な景観形成が自律的に進むために、経済的インセンティブが働くよう景観的な価値が適正に評価される等の環境整備を図り景観の形成を促進する。

6．良質なものを長く使う姿勢と環境整備　良好な景観の要素となる良質なものに対し、それを長く使う姿勢、及びそれを支える技術開発を含めた環境整備が重要である。

……というものである。

ファスト化する国づくり

その結果、どうなったか。

その傾向は阻止できていたのかと問われれば、むしろ退廃は進行してしまったといえよう。一部の観光都市では電柱の撤去と電線の埋設、街路での看板の禁止や色彩の制限などにより、景観の価値や保存が実行されはした。

しかしながら政府が危機意識をもった当時よりも、近年はさらに都市景観や自然景観を破壊し伝統工芸は技術継承されず文化が廃《すた》れているのが今なのである。これらはまさに現代の建築や都市の有り様がその主な原因となっていることは、火を見るよりも明らかである。

今、大都市だけでなく地方都市、地域、田園、山岳、海浜、河川、島々、様々な自然状況の国土に暮らす人々の、働き活動する空間、それらのすべてがファスト化しているといっても過言ではないだろう。これまでの議論に込めた建築のファスト化は人材や工芸技術をファスト化し、その結果、街や景観をファスト化し、最終的に国家をもファスト化してしまう局面に至っているのである。

特に、「美しい国づくり政策大綱」で掲げていた4．持続的な取り組み　5．市場機能の積極的な活用　6．良質なものを長く使う姿勢と環境整備など、大都市において吃緊《きつきん》であった政策は目標は完全に無視されるどころか、積極的に逆行した。

4番の美しい景観維持形成のためには、行政、国民個々人、企業等の様々な主体の役割分担と協働により形成される、とされる行政が、積極的に再開発における規制を撤廃する方向に動き、5番の景観維持や美しさが経済的に評価される制度設計の動きはなく、むしろこれまで以上の高さ制限の撤廃、容積率の緩和も実施されている。

そして、6番の良質なものを長く使うという考え方は、再開発事業においてまったく考慮されていないといえるだろう。

その大規模かつ多くの問題を孕《はら》みながら、4．5．6．の方針の逆の取り組みを行政と企業が積極的に進めている事例の代表が、明治神宮外苑《がいえん》再開発である。

明治神宮外苑再開発問題

この問題は後述する東京オリンピック誘致にも絡んで複雑な経緯をたどるのであるが、そもそもはこの第一次安倍政権前の小泉政権、森政権にまで遡る。

明治神宮は明治天皇崩御により、京都伏見《ふしみ》の明治天皇陵だけではなく、京都から東京へ遷都《せんと》も経た激動の時代と、明治天皇を記念する施設を要望する国民の声として造営、創建されたものである。外苑はその折に東京市の中心にあらたな鎮守の杜《もり》を造り出し、百年後には原生林の再現となるような杜に鎮まる神社として構想された。

植林された樹木には日本各地から運搬も労働も寄付された献木も数多く含まれており、当時の国民の共感あふれるものである由縁だ。

そして、神宮といえども近代の都市的な仕掛けとして明治神宮は内苑《ないえん》と外苑に分けられており、ちょうど伊勢神宮の内宮《ないくう》、外宮《げくう》のような二社性の回遊形式の配置計画を採り、内苑はさながら数百年を経た古社の趣きに、一方の外苑の中心には社ではなく、近代的な洋風庭園に明治天皇の事績を記念した絵画を展示する絵画館を設置した。

外苑は西洋公園の雰囲気を持ちながらも、絵画館正面の道は神社の参道のごとく銀杏《いちょう》並木で整備され、約百年を経た現在は立派な大木として国民、都民の憩いの場所となっている。

明治神宮外苑の歴史

外苑は、国民の健康増進に繋がるスポーツ文化施設を擁し、緑溢れる都市公園として、我が国初の景観を守る法律規程である風致地区指定をかけた地域だった。

神宮外苑にあった諸施設は戦後の占領期は一時ＧＨＱに接収されてはいたものの、独立を経て、明治神宮に返還され今に至るものである。

一方、明治政府が徳川幕府から奪った政権の正当性の根拠として、国民を慰撫《いぶ》する意味でも大日本帝国憲法における天皇の位置付けを補完し、戦前から戦時中に日本国民を強く縛った国家神道《しんとう》の体制が、戦後にはあっさり解体され、政教分離の徹底から明治神宮の維持管理には一定の独立性を求められた。

明治神宮は、各方面からの寄付に加え、外苑の中にある諸施設からの収入でまかなわれていた。近年、明治神宮に限らず各地の神社は氏子《うじこ》の減少にともなう寄付金や維持費の捻《ねん》出《しゅつ》に苦慮しており、その事業的な解決策のひとつとして2000年初頭より神社地の容積率移転という考え方が標榜され始めた。

全国の神社の維持管理問題

特に戦後地価が急上昇した大都市における神社地は、所有者や境界がはっきりしていない土地も多く、神社の性格上、社殿周辺には手つかずの森林を有し鎮守の杜となっている。そこの草取りや落葉の清掃なども含め、維持管理の問題解決策のひとつとして、神社地が永続的な緑地であるならば、周辺環境において空地という扱いも可能になる。ならば、総合設計制度の換用によっては、その公開空地扱いの未活用容積分を周辺建物の一体開発に供出し、その分の収益を発生させ、神社の維持管理費に永続的にあてることが可能になるのでは？　という考え方である。

この考え方を活用した事例としては、火災により何年も放置され、土地取得価格を前提とすると収益性が見込めなかったため、デベロッパーをはじめ営利団体である民間業者では誰も手がつけられなかった赤坂のホテルニュージャパン跡地において、隣接する小山上の、日枝《ひえ》神社の社地を利活用することで、超高層化が可能になった。

その結果、現代的なビルに建て替えることができ、都心の貴重な土地が生き返ったというケースがある。

このときに、日枝神社との交渉窓口や開発デベロッパー、ゼネコンとの間で仲介の労を取ったといわれる神道系のコンサルタントが、同様の仕組みで維持管理上困難になりつつある都心の様々な神社から維持が可能にならないか、との相談を受けていた。

明治神宮外苑の持続化スキームの作成

筆者はかつて外資系金融機関の紹介により、このコンサルタントの老人と面談し、各地域のコミュニティの核となっている神社をまちづくりの中で今後どのように、文化財としての社殿や祭礼を維持していくか、そのスキーム作成を任されていた。

このコンサルタントの老人は、当時の森首相とも同窓であったことから、各地の神社からの相談の中でも、もっとも規模が大きく、東京都心にて、その創建の経緯から広く国民の財産ともいえる明治神宮外苑について、持続化計画の相談があった。

明治神宮外苑の緑地や樹木はそのままに、明治記念館の高層化や日本青年館の高層化に加え、周辺にある商業施設などを統合し、風致地区の指定がかかった明治神宮外苑の杜をさらに深閑なものにする。

緑地や森の公開空地としての永続的維持を前提として、隣接する民地や企業の本社ビルに容積を一定規模任せることで収益を得ることを前提としたスキームを組んだ。

その資料が、当時の森首相や石原東京都知事にも渡り、いくつかのシンクタンクの手を経て大手ゼネコン5社、大手広告代理店に対し、計画の具体化に向けて事業採算などの検証を始めるべく指示が出ていたのである。

そのときの計画では、既存の都市計画上の高さ制限や容積率の遵守、国立競技場や神宮球場、秩父宮《ちちぶのみや》ラグビー場といった施設も、次世代に残す貴重な建築文化財として耐震改修を施しながら、商業利用も促進し事業性を高めるというものであり、「美しい国づくり政策大綱」の1から6までの政策目標に合致させたものであった。

実施に至るまでは十数年から二十年はかかろうかという一大プロジェクトでもあり、数年後には検討会が開かれるものと認識していたが、森政権から小泉政権、その後の安倍政権に移り、件《くだん》のコンサルタントも亡くなったことで、それらの話は立ち消えとなっているものと認識していた。

東京オリンピック誘致と新国立競技場問題

ところが、数年後の東京オリンピック誘致を前提として、国立競技場を新築するための設計デザインコンペの開催が広く報道された。

その提案募集要項の中身に非常に不可解な記述が含まれていたのである。それは、明治神宮外苑周辺にかかる法的制限、高さ20メートルまでに制限された風致地区指定や都市計画基準をはるかに超えた高さ70メートルまでの高さを建設可能としていたことである。

そのことも要因となって、オリンピック誘致成功後の新国立競技場の計画はコンペ案に対する多くの問題点の指摘や反対運動、それだけでなくコンペで選ばれたザハ・ハディド氏のデザイン案の実現性を巡って混迷していった。

特に問題となったのはコンペの時点で法令違反であった建築の高さである。コンペ案で選んだ提案が高さ制限を超えていたため、オリンピックのメイン会場として選んだ以上、風致地区指定や条例を変えていかなくてはならない、という文字通り本末転倒の詭弁《きべん》により東京都は都市計画を変更して高さ制限を撤廃してしまったのである。

その後の経緯はテレビやラジオ、新聞や雑誌などすべてのメディアにおいて、新国立競技場問題は採り上げられ、筆者も2015年から2016年の間は連日、早朝から深夜まで問題を報道するニュースや情報バラエティ番組、コメントやインタビュー、解説に追われていた。数多くの報道が物語るように、オリンピック誘致決定後にメインスタジアムの工事費用が確定しないという異常事態に陥ったからである。

その混乱は、いつまで経っても工事費用が確定せず、工事予定のゼネコンからは日々、工事金額の増額を要請されるような事態で、設計を担当した設計事務所では構造システムの複雑さゆえなのか建築確認申請がいつまでたっても下りず、実際に建設可能なのかどうなのか、というところにまで疑念が拡がったのである。コンペ案を選んだ建築家の審査員たちはこの事態に真正面から答えることをせず、審査委員長の安藤忠雄《あんどうただお》氏に至っては、記者会見において「なんでこんなに建築費用が上がるのかわからへんねん」と言い出す始末で、ついに安倍首相が森元首相に白紙化を申し出て、計画見直しの事態に至った事件である。

その後、このスタジアム計画は新たなコンペ開催ということになったものの、白紙見直しのタイミングが遅きに失し通常の設計検討時間ではもう間に合わない、旧国立競技場を活かそうにも拙速に解体工事を進めてしまったという失態続きで、結局、世界的に標準な建築設計コンペでもない、国内の設計プロポーザルの規程でもない、異例の募集形式、工事希望の建設会社と設計会社がジョイントベンチャーを組んで応募することと相成った。その結果応募者は2名に過ぎず、参加するゼネコンは元の大成《たいせい》建設と元の竹中《たけなか》工務店の2社だけとなり、応募案のうち一方はザハ・ハディドのデザインを翻案製作していた梓《あずさ》設計の図面とほぼ同じ形状にもかかわらず設計者は隈研吾氏とされたA案、もうひとつのB案は最初のコンペでの審査過程における不可思議な落選となった伊東豊雄《いとうとよお》氏のものだった。筆者は当時出演したテレビ番組で審査に影響のない範囲で、両方の案の解説をおこなっていたが、明らかにA案のほうには二度と計画を失敗したくないという国土交通省の意向が働いていると確信していたのである。

結果は、A案の採用となり隈研吾氏の設計という設定で工事は進んでいった。確かに実務レベルでの設計案は明らかに梓設計だと思っていたが、隈研吾氏の関わりにより木を活かした軽快なデザインとなり見直しコンペからのリカバリーは見事であったと思われた。

しかしながら、最終的には無理な観客の詰め込みによって、サッカーの試合にもふさわしくない、コンサート会場としてもダメ、ということで運営上13億の赤字施設となり、最終的にＮＴＴドコモに押し付けたかたちで収束しようとしている。

明治神宮外苑再開発計画の萌芽《ほうが》

スタジアム計画の様々な問題については、一部を減築するなどの処置で、今後まだ解決の余地もあろうかと思われるが、都市計画上の問題点は実はそこではない。

このオリンピック騒動の陰で動いていたのが外苑再開発計画なのである。

先述のとおり、そもそも神宮外苑は元は民間の寄付によるもので国の管轄であった。戦後はＧＨＱに接収された後に宗教法人の明治神宮に移管された。戦前の国家体制が変わり、戦前のような国家神道という位置付けは消滅し、各地の神社には公費が入れられなくなった。そのため広大な社地は独自で維持管理していかねばならず、明治神宮以外でもその運営に苦慮しているのが実情である。こうした事情を汲《く》んで神社地の鎮守の杜の永続性を担保に容積率移転を含む維持管理スキームを立てていたものの実行されないままでいたところ、急遽外苑再開発計画が起ち上がったことを筆者が知ったのが２０２１年であった。

その計画案をみたときに唖然《あぜん》としたのは、民間土地の超高層活用や神宮球場の移設と周囲のホテル建設、秩父宮ラグビー場の全天候型のドーム化などが盛り込まれていたからである。２００2年から2００3年当時、神社の維持管理スキームでは神社の境内地は極力触らない、特に緑地は減らさないし、既存の法規内で充分に収益化は可能で、神社の景観を損ねたりするような計画も御法度というものにしていたはずだった。

それが三井不動産を中心とした計画では、完全に無視されている。それだけでなく、国民の健康増進施設の一環である各種のスポーツ施設も撤廃されており、そもそもの主旨がねじ曲げられていたからである。

これではまったく神社のあるべき姿から地域住民を含めた広く公の利益に資するものとはいえまい。

同様の都会の神社地の再開発問題では、神楽坂の赤城神社周辺の再開発でも見られたもので、氏子の減った神社が老朽化した社殿を新築するにあたりその費用の捻出のためという立て付けにより、必要以上の規模にまで開発の内容を膨らませ、総合設計の手法等を駆使し、道路や区画の改変に加え、建築物の高さや容積において、特別の許可を得る。結果として、神社の境内地そのものを改変し再開発する。その場合に最大限のボリュームを確保しデベロッパーが利益を得るというものである。

国内の神社というものは歴史的にも元々が町内会や同業組合といった住民コミュニティなどの共有財産であり、また古い社殿や奉納されている物品など文化財としての価値もある。少なくとも記録の残る近世、江戸から明治維新、その後の神道の国教化からの、太平洋戦争後の政教分離まで、紆余曲折《うよきょくせつ》があった結果としての宗教法人所有や現有の宮司《ぐうじ》管理となっているものが多く、法的に私有地処分の権利があったとしても、一部の隣接する土地や関係法人が利益を受けていたとしても、歴史的、文化的、倫理的にはあくまで地域の共有財産と見做《みな》すべきものである。

つまり、神社地をそのまま残すことを最低条件として、地域還元としての再開発を模索せねばならないはずだ。

それを、神社地そのものの開発に目を向けていることは本末転倒、公的資産の法を悪用した簒奪《さんだつ》と言うほかはない。かつて全国の神社を継続維持するために検討した我々の考え方を骨抜きにし、悪用しているとしか言いようがないのだ。

ファスト化する再開発事業

それは、再開発における時間と手間を省こうという考え方から来ている。再開発とは既存の地域利権者との調整や、交渉に非常に時間がかかるものなのである。事業計画の説明や権利調整など、数十年かかることさえある。それを縮める方法のひとつが地権者の数を減らすこと、もうひとつが地権者が少ないエリアを再開発することである。

そこで矛盾が生じることになるのだが、再開発を必要とするような場所は既存都市であり、そもそも人口も多くエリア内で経済主体や地権者が多くなることは自明である。また、再開発後の収益性を考えれば、当然ながら賑わい創出や、分譲なども想定し、移住価値の高いほうが良い。

つまり、再開発を進めるに当たって、すべては人口の多い場所が望ましく、人の関わりの多い、土地の価値が高い広い場所がよいのである、地権者の数を除いては。

そこで、人が多いが地権者の数が少ない広い土地を狙うとなれば、都心の寺か神社か工場か公園になる。

寺は所有が宗教法人ひとつであっても檀家《だんか》や墓地を含むと交渉や利害調整に時間がかかり、工場は地歴によっては土壌汚染や地下埋設物などの処理が必要になり、公園は都や区や市の所有である。

結果、都心の公園や神社を一点集中で開発しようとしているデベロッパーの思惑が透けてみえるわけであり、そこに公園が隣接しているならば行政をも巻き込んでいこうということになるのだ。

そこに本来の「公の精神」があれば、神社地は鎮守の杜も含めて残され、維持されることになるだろう。

しかし、古くからある社を建て替え、妙な現代的な意匠としたうえで、鎮守の杜を管理しやすいという理由で、ただの公開空地に変えている実態を見れば、一部の企業や個人がこの手法によって、己の利益に我田引水しているのは明らかなのである。

確かに、現在の所有者構造をみれば、明治神宮は十数名が参加した理事会の形式で運営されており、戦後に決まったような宮司の一存で決めているわけではない。

しかしながら、神社の理事会に神社を開発するデベロッパーや都知事なども参加し、意思決定が誘導されているとするならば、果たして民主的プロセスで計画が進行しているのか疑わしいと見られてしまうだろう。

現在、日本各地で進んでいる大都市の再開発は、往々にしてこれまで培った地域のコミュニティを破壊するか、都市インフラの不足している新開地に超高層住宅を建設することで、そこでもコミュニティの成立が難しいほどの人口集中を起こしている。

観光資源を壊しながら観光客誘致の矛盾

一方、地方都市については財政難から公共サービスの低下や廃止の動きが常態化している。

たとえば、我が国の貴重な文化資産や観光資源でもある京都市内の中心部では、「美しい古都」を構成してきたはずの昔ながらの町屋を壊してまで、観光客を受け入れるためのホテル建設が続いている。

今が売りどきと、古い町屋を手放している一個人や一企業にとって、その判断は経済的で妥当なのだろうが、京都市全体で考えれば、そうした歴史的建造物にこれからなろうかという古い町屋の販売や取り壊しに関する強い規制も、逆に潤沢《じゅんたく》な維持管理支援もない。

そこに大局観はなく、観光資源を壊しながら、観光客を呼ぼうとするような矛盾が起こっている。

人気の観光地の周辺や、広大な自然景観を誇る各地の温泉郷や神社仏閣では、オーバーツーリズムによって生じた現地住民の生活難に加え、インバウンドを期待した投資開発の結果、将来に続く観光資源であるはずの景観を壊しながら、目の前の観光需要に応じている。そして、住居転用を想定したホテルを、ファストデザインで建設するなど、相矛盾した都市開発が進行しているのである。

京都市内ほど極端ではないが、他の多くの伝統的建築による街並みや、それを支える生業は、維持が難しいという事態に直面しており、利便性が高く観光客を呼びやすいところほど、その観光資源が早々に消えていくというのは、悲しい現象といえるだろう。

「まち・ひと・しごと」地方創生政策の行方

特に地方都市における人口減少をともなった経済停滞は恐ろしい速度で進行している。遅ればせながら政府は、２０１４年に「地方創生」を掲げた政策を遂行した。この地方創生には、副題として「まち・ひと・しごと」が付加されていることも興味深い。

この30年ほどの我が国の社会状況を概観してみると、1990年代初頭のバブル崩壊に始まり、2000年前後の規制緩和から、前述の「美しい国づくり」、そして、2010年の民主党政権、2014年には地方創生と、これらは一貫した政策の連なりとみることができる。

不動産価格の高騰と都市開発とリゾート開発、その結果による景観破壊とバブル崩壊による不良債権問題。

金融危機を経て就職氷河期、派遣労働や人材の流動化による人材育成の崩壊。第三次ベビーブームの消滅。

東日本大震災後の福島第一原発事故、生産拠点の海外流出、第一次産業の人材継承者不足、農地や林地の荒廃、市バスなどの公共交通機関の廃止、介護医療保険負担の増大、地域の崩壊……と続くのである。

「2040年までに日本の自治体の半数が消滅する」

自然景観の峻烈《しゅんれつ》さと、自然災害の被害を乗り越えながら進んできた我が国の歴史であるが、そのときの復旧・復興に欠かせない人材の枯渇は、今、致命的ともいえる状況である。

地方創生が掲げられた当時、元総務相の増田寛也《ますだひろや》氏を座長とする民間の有識者グループ日本創成会議が、「2040年までに日本の自治体の半数（896市町村）が消滅する」という衝撃的な独自推計を発表した。これは通称「増田リポート」と呼ばれ各界に大きな衝撃を与えた。

危機感をおぼえた安倍政権は「まち・ひと・しごと創生法」を制定し、2060年に1億人の人口を確保するべしとの中長期展望を発表、そして、2015年度から2019年度までの5年間を目処として第1期まち・ひと・しごと創生総合戦略を閣議決定する。

止まらない少子化

そこで、少子化と東京一極集中を止め、人口減少を克服することを目指した。

そのときに策定した4つの基本目標があるのだが、

「稼ぐ地域をつくる。地方への新しい人の流れをつくる。若い世代の結婚・出産・子育ての希望をかなえる。人が集う魅力的な地域をつくる。」

の4つであった。

具体的な目標値としては、合計特殊出生率の1・8への引き上げ、1都3県（東京都、千葉県、埼玉県、神奈川県）エリアからの人口の転出入均衡を目指す、というものであった。

この国の政策を元に各自治体は「地方人口ビジョン」、「地方版総合戦略」を策定し、それぞれの市町村で転入人数の数だとか、地域生産品の量だとかふるさと納税額の数などの具体的な数値目標（KPI）を掲げることを義務化するという念の入れようで、当時の政府の並々ならぬ決意がうかがわれる。

結果はどうであったというと、2014年からの10年間で我が国の人口は、1億2708万人から1億2435万人へ273万人も減少した。

この273万人という数字は鳥取県、島根県、高知県、徳島県の4県を合わせた人口に匹敵する。

亡くなった人と生まれた人の差が273万人というわけで、増えたほうの人々は10年では未だ小児に過ぎず、実質的な社会活動可能な就労可能人口で考えれば、実感としてはもっと多くの人が地域から消えてしまっているというのが正確なところであろう。

止まらない東京圏への一極集中

もうひとつの大きな施策「東京圏への一極集中の是正《ぜせい》」のほうはどうであったろうか。一極集中の是正でいえば、この10年間で98万1000人増えているのである。

日本全体で273万人が減り、東京圏では1000万人近く増えているということは、全体での人口減にさらに輪をかけて富山県くらいの規模の人口が東京圏に転入しているのである。

目標値1・8の出生率のほうは、この10年で1・42から1・20まで下落している。2023年の出生数は72万7277人であり、これは前年比4万3482人減ということで、統計が始まった明治32年から見ても過去最低の数字なのである。

ちなみに明治32年の我が国の人口は、当時はまだ統計に上らない人々もいる前提で、約

4500万人であり、出生者は140万人弱である。つまり現在の全国の人口の3分の1でありながら出生数は現在の倍あったわけである。この明治32年の1899年から1995年までの90年以上は、日本のほぼ全域で人口の増加が起こっている。

2000年前後から地方での人口減少が始まり、2010年以降は東京圏以外のほぼすべての地域で人口の減少が急激に進んでいる（東京圏以外で人口推移が減少ではなく現状維持か微増しているのは大阪、愛知、福岡の三府県だけである）。

つまり、この10年間の施策はまったく効果がなかったばかりか、さらなる東京圏への一極集中のみが起こっているのが実情なのである。

デジタル田園都市国家構想ってなんだ？

この地方創生政策は迷走とも失敗とも言われながら、岸田政権誕生後は「デジタル田園都市国家構想」と名を変え「まち・ひと・しごと創生本部事務局」はそっくりそのまま「デジタル田園都市国家構想実現会議事務局」と、その看板を付け替えたのが2023年のことである。

「地方創生をデジタルの力を活用して加速する」、これまでの地方創生は継続する、という触れ込みである。もちろん地域産業におけるデジタル化は吃緊の課題ではあるが、そもそもの地方の少子高齢化・人口減の問題や東京圏一極集中に対する言説は明らかに後退しているというのが事実である。

地方創生の取り組みの具体性は益々もって低迷していると言わざるを得ない。

結果として、地方創生もデジタル田園都市国家構想も地方創生拠点整備という名で、JAでも販売可能な農作物を持ち込む直売マルシェのための「道の駅」を、それこそ一章二章で解説したような傾向にのっかり、ファストデザインされたガランドウをつくっているだけというのが実情である。

一極集中の東京圏で始まる人口減

ならば、人口減と産業拠点の消失で疲弊する地方を尻目に、一極集中を続ける東京圏は少子化対策に成功しているのか？　と問われれば、実際は真逆であって、都内23区の出生率は軒並み1・0を切っている。

豊島区で０・８９、中野区で０・９１、杉並区で０・９５と東京都全体でも０・９９と１を切ってしまっている（ちなみに全国でワースト上位には京都市が含まれ、東山区で０・７６、上京区０・８０、下京区０・８２となっている）。

全国で出生率が高いのは沖縄１・６０、長崎１・４９、宮崎１・４９、鹿児島１・４８、熊本１・４７と、すべて九州である。これらの県の中には出生率を２以上、２・４までを維持している市町村は30程度存在している。

こうした統計から窺《うかが》えるのは、日本全国で人口減が起きているが、その中でも出生率の高い地方から、出生率の低い東京圏に転入が続いているという傾向だ。

地方から東京圏への若い女性の流入は少子化に益々拍車をかけており、むしろ首都圏における少子化対策、結婚や出産の支援体制、安心して子育てや教育を続けられる住まいや地域の再構築のほうが、もっとも必要なことだということが分かるであろう。

今、統計から見えてくることは、たとえ、出生率の高いエリアに生まれ育ったとしても、東京に来ると出産や子育てが不可能になるという現実である。

つまり、東京の出生率をなんとか早期に全国平均の１・２くらいにまで引き上げることこそが効果的なのである。

ならば、首都圏における人々の暮らしやすさ、都市構想や再開発はどうなっているのかというと、一極集中の東京都の中でもさらに一極化が進んでおり、山の手線の内側、千代田区、中央区、港区、江東区といった東京駅から湾岸にかけてのエリアに集中的に再開発と投資が、住居を含むオフィスや商業施設の高密度化が進展しているのである。

そしてそのことは、さらなる人口集中と生活の不便さ、将来への希望のなさ、気持ちの余裕のなさと一体になって、益々国民生活を窮乏《きゅうぼう》させていっている。

狙われる公園

そのような事態を尻目に、現在の首都圏を含む大都市の再開発事業におけるそのプロセスにおいて、問題ありと思わせるのが、公共資産を取りこんでの再開発だ。

これはＰＦＩ事業との組み合わせとなるケースも多く、要は再開発事業と公共サービスを一体化で進めることで、財務負担も軽減し民間活力の投入も図る、という都合の良いタテツケになっている。ＰＦＩ事業（プライベート、ファイナンス、イニシアチブの略）とは、公共サービスの提供において、民間に施設整備や運営をゆだねる手法のことをいう。

特にここのところ東京都だけでなく、地方都市などで積極的に進めているのが、公園の管理委託を含めた、パークPFIである。

公園とはその名のとおり公《おおやけ》の園庭を指す。

我が国において、明治の近代化以前には「公園」という言葉は存在しなかった。現在の公園に相当する誰でも受け入れるような、市民の公園的な役割は、社寺の境内地《けいだいち》や広小路《ひろこうじ》などがその役目を果たしていたといえるだろう。

そのため、明治の初期に設けられた浅草、上野、芝、深川、飛鳥山《あすかやま》といった公園はみな、それら境内や神域を元にしたものである。

幕末から明治維新にかけて欧州を視察した時の権力者らは、欧米の都市開発における「公園」の存在を重視し、広く国民の憩《いこ》いや健康増進および都市景観の充実を図る意味で、多くの都市公園をつくっていった。

我が国最初の本格的な欧米式の公園は、東京の日比谷公園だが、その後の明治神宮の内苑・外苑、北海道の大沼《おおぬま》公園、会津《あいづ》の鶴ヶ城《つるがじょう》公園、福岡の大濠《おおほり》公園など、日本各地に100を超える大型の都市公園が設営されたのは、明治から大正時代にかけてである。

これらの公園を再開発に取りこむ計画が、なぜかこの十数年間、急速に進んでいるのだ。

その計画の根拠には、前述のように主に「財政難」「老朽化」「維持管理コスト」などを掲げているのだが、その多くは公園の運営委託にとどまらず隣地や街区の区画整理と連動し、高さ制限の解除や緑地の統合を含み、高層ビルや高層マンションの許認可を図るものとなっている。

これらの計画には短期間の計画の告示と一般的な民間再開発事業と同様のプロセスで事業が進められており、民間が一枚嚙むことによって、そのすべてが公共事業や公共政策ではないという解釈が成り立ち、民間のプライバシーや設計図書や企画における意匠やアイデアの守秘義務を盾にして、開示請求にも応じない。

公共的事業でありながら、その意思決定のプロセスはブラックボックスのままなのである。

結果として、多くの市民は、計画の始まりや意思決定のプロセスに関わることはなく、なぜそのような公共資産の利活用が必要なのか、その理由を知ることはなく、その後の利活用に向けての意見も反映されない。

公的な土地資産を利用しながら、民間開発の条例の仕組みの中で、拙速に事は運ばれているのである。

再開発は本来時間がかかるものだった

その理由として考えられるのは、早い、安い、美味い、というファスト化、都市計画のファスト化が起こっているということなのだ。

なぜこのような拙速さを求めるのかというと、以前のバブル期前の民間再開発を思い浮かべてみるといいだろう。

再開発とは既に存在している街区や町を触ることに他ならない。たとえば、駅前再開発、住宅地の再開発、工業地帯の再開発、港湾地域の再開発、様々なケースが存在するが、そこには多くの利害関係者がいる。その多くはその地域でそれまで長い間、生活を営んでいたという事績があり、当然ながら再開発事業の中の事業者のひとりということになる。

駅前の商店街を再開発するとしたなら、小さな商店主の集まりをどのようにまとめ上げるか、農地を含んだ再開発ならば水利権や将来の収穫をも見込んだ土地の収用など複雑な利害関係と権利関係の調整が必要になる。補償や経済的理由だけで開発の許認可に応じない地主や、小さな祠《ほこら》や神社など、どこに意思決定者がいるのかわからない場所もある。

多くの町内会や組合、理事会といった利害を調整する団体との交渉まで、非常にきめ細やかかつ慎重な議論や、市民の声を反映した市議会での議論など多くの手間と時間がかかるのである。

これはかつて、都内の中心地を主に再開発してきたデベロッパーの方の意見であるが、「新入社員がその再開発の町に住み住民のひとりとなって町内会や祭りなどの行事にも積極的に参加し、住民の方々といっしょになって計画に取り組み、入社した頃の構想は退社直前になって、やっと目処が立つくらいでいい」。つまり、20年、30年の仕事だというわけである。

そういう息の長い取り組みで初めて、街の再生は図れるということを示している。と同時に20年の時間の中で社会の背景は変わっていくため、計画当時に想定していた街の性格や人々の思考も計画の実行時には変わっていくことも示している。

我が国において、狭い国土のほとんどが峻険な山々、海に面した海浜や崖地である。生活の基盤となる平地や台地は非常に少なく、山林や農地といえどもそこは生産緑地であった。

土地利用がされていない場所は埋め立て地以外ほぼないという開発条件であったため、

歴史的にも、戦国時代の天下人《てんかびと》である織田信長や豊臣秀吉のような権力者でさえ、都市開発には既に存在する利害の調整が必須であり、合戦を制したところで、多くの利害関係者の調整を含んだ再開発の繰り返し以外なかったわけである。

我が国においては、そのような長期的な思考や、長期的利益というものを念頭に都市の再開発は練られてきたわけで、太平洋戦争の都市爆撃により都市構造が壊滅的に打撃を受けた戦後、たとえ一面焼け野原に見える東京の土地であっても、容易に土地区画整理が進まなかったのはそういうわけである。

そのような再開発の慣例や前提を無視し、意思決定の時間を早める利害関係者の調整が容易《たやす》いところを狙って進められていることが、都市のファスト化に繋がっているのだ。

そのひとつの理由としては、デベロッパーの人材すら短期雇用や中途採用、プロジェクト単位での契約社員化という人材の流動化にほかならない。

十数年前のデベロッパー社員は終身雇用が前提で、入社から退社、定年まで二十数年ひとつのプロジェクトに関わり続けることができた。その成果は達成途上であっても評価する仕組みがあり、達成は次の担当に引き継がれても、それによって報酬が大きく変わることはなかったからである。

それはプロジェクトに付き合うゼネコン社員でも同様で、デベロッパーとゼネコン社員は二人三脚で、より多くの人々の地域利害や、より長期の公的利益を念頭に取り組むことができたわけである。

もちろん、住民の代表である市議会議員や区議会議員も、同様な目的で一致していた。同時にその計画に齟齬や意見を唱える議員や専門家の議論も取りこんで、しっかりと前に進めていくことも実行していたのである。

しかしながら、都市開発のように長期のビジョンが必要な事業にもかかわらず、そこに関わる人材が流動化し、評価が事業の達成率ということに変わってしまうと、どうなるであろうか。当然ながら、自分が担当している間だけの短期的な利益を追求し、なるべく早く利害関係者を押さえ込み、もしくは無視してまでも、達成率をこなし評価を得られるように、物事を進めざるを得ないだろう。

結果として、再開発事業において業績を高めるのであれば、次の3つの条件を事前に仕込む必要が出て来るのである。

利害関係者を減らすかそれらが少ない場所で、許認可や議会決定を伴わない手法で、反対意見や利活用者も絞り込む、というわけである。

つまり、事業収益を上げるためには、「素早く広い土地を高密度で活用すること」ということになる。

素早くは、調整が少ないということで、関係者が少ないか関係者が賛成者ばかりであること、同時に許認可を早くするということは現行法の範囲内で計画するか、計画前に現行法を変更しておくことを意味する。

広いは、もちろん面積のことであるが、周辺道路も周辺街区も広いほうがより高度利用を促し超高層を含め高密度に利用可能である。

さらに、平らであることや、地下埋設物や遺跡などの文化財保護の制限の可能性がないほうが拙速である。

首都圏の再開発事業が狙う場所とは？

そのようなデベロッパー側だけの都合を優先した見地から判断すると、再開発用地の候補は、地主や近隣が国の持ち物か、地方公共団体か元公共施設跡地、社団法人や学校法人の所有地、一筆の民有地か檀家の居ない宗教施設や農地、工場跡地といったことになるのである。

そのうち、既存の建物もないとなると、ベストは公園か神社となってくる。

だから、たとえば東京都内における広大な候補地としては、利害関係者が少ない明治神宮外苑や、都の土地である築地市場を再開発したいという発想に繋がる。それは公的発想からではなく民間デベロッパーの都合といえなくもない。

また、同様に拙速に開発できる候補地を捻出するための手法のひとつとして、学校の統廃合もあげられるだろう。

人口変動や地価の上昇の結果として夜間人口が減り、少子化が進んだ都心部の義務教育施設は一時、1学年で1クラスが構成できないほど通学人数が減少していった。

そのため大都会の真ん中にもかかわらず過疎の村のような生徒数となり、通学に各種公共交通機関も使えることから、都心では一気に廃校や統廃合が進んだのである。

それらの学校施設は教育財産として、これまでは地域の文化センターや、ベンチャー企業や起業家の育成のためのインキュベーションセンター、高齢化が進む23区内では老人福祉施設などにも転用されていた。

再開発の対象地域に狙われる公立小中学校

しかし、昨今は、生徒数が減少しているのなら、そのエリアだけでなく、公立小中一貫という垂直統合をも含め、地域の公共機能も相乗りしたかたちで総合設計の手法で、学校を含む複合施設による高層建築として建て替えを実行するケースが出て来ている。

たとえば、小学校を４つ潰し中学校を２つ潰して、そこに老人福祉施設や地域集会場、商業施設なども投入しひとつの学校複合施設とするわけである。その場合、公的財産であるから用地取得に時間はまったくかからない。

また、付近住民の反対も受けにくい。４つの小学校、２つの中学校の運営がひとつになるのだから合理的である。一部の民間施設と運営にＰＦＩを取り入れ、民間の資本導入による負担金の軽減という意味では、机上の数字合わせでは最適化されると見られる。廃校となった各学校用地は民間に使用貸借するか、売却されるか、そこでも公民一体での次の開発に繋げるという意味で、ひとつの開発行為で波及的に公共資産の有効活用が可能になり得る。

一石二鳥も三鳥も得られるという、いかにも金融系シンクタンクや今のデベロッパーとゼネコンの企画部が考えつきそうなことである。つまり、社会背景と地域事情の数合わせに従い、短期的利益を確保し、合理的に問題解決するには良さそうではある。

しかしながら、運用面、利用者目線、公共サービスの充実、地域コミュニティの維持と考えた場合に、本当にこれが最適解といえるのであろうか。

たとえば、学校機能だけを取ってみても、小学校と中学校の垂直統合は身体能力や心や学習度合いがあまりに開いた世代を同居させることになる。

それが幼い子らの心理的プレッシャーになりはしないか、遊び場や放課後での活動領域のゾーン分けは可能なのか、6歳から15歳までの9年間に固定化した人間関係が構築され、コミュニケーションや所属サークルに失敗した子らに、逃げ道がなくなるのでは、など多くの心配がある。

そもそも、明治期に始まった尋常小学校制度は地域コミュニティの核としても考えられていたわけで、人口を基準に学区制度を設け設置基準としていた。当初の目論みでは人口600人に一校であった。

そして、小学校設置には多額の費用がかかり国庫に乏《とぼ》しい明治の日本では、多くの場合地域の人々が人材教育の重要さを認識したうえで、地域の篤志《とくし》家や名主、地域出身の名士による寄付や物納により設置が進んだということでは、歴史的にも意味的にも、小学校は地域の公共資産なのである。

安易な学校統廃合の上での廃校の利活用や売却は、人口減少や過疎化をタテマエとして、こうした公共資産を、民間に払い下げる結果となりはしないか。政府方針では少子高齢化の解決を前提としているにもかかわらず、むしろ今の少子化の状況を恒久化・固定化した考えが前提になっている。

都市の小中学校統合は、もう一度、地域の人々で慎重に考えることが望ましいといえるだろう。

なぜなら、湾岸エリアではタワーマンションの林立による限られた地域への集中的な人口増加によって、小中学校どころか幼稚園や保育園まですべての公共サービスがパンク常態になっているのである。これらも拙速な地域開発が原因だ。

タワマンは一本でかつての村落規模の人口を有する

50階近いタワーマンションはワンフロアに20から30の住戸が配置され、実質1000世帯近くが暮らしている。１０００世帯といえばその人口は３０００人規模であり地方の村落の規模である。市町村合併前ならば村議会や町議会もそなえ、庁舎や郵便局に農林中金や信金などの金融機関さえ存在していたであろうコミュニティの規模といえる。

今、東京の湾岸エリアではこのような３０００人４０００人規模のタワマンが、ひとつの街区や埋め立てでできた人工島に、５本も６本も建つ。数キロ圏内の人口が２万、３万を超えており、10万にも及ぼうとしている。

そのような人口規模にもかかわらず、不動産開発の拙速な進行にインフラの整備や公共サービス拠点の設置が追いつかず、住民生活に多くの不備がある。

同時に低層階での商業施設や行政サービスなどの誘致空間を義務づけなかったため、これだけの人口増加に対して、社会機能の追加設置をおこなうことが困難になってしまっているのである。また、超高層計画における総合設計制度は、公開空地の義務づけなどもあり、ほぼ人工的に舗装され、管理しやすい低木の植栽がチラホラ植えられているだけで、最小限の緑地しか存在しない。

このようなエリアはもともと工業地帯や倉庫街であったため、街区は大きく、道路も広い。幹線道路の通り抜けには優れているが、公共交通機関や駅までの歩行空間の整備もなく雨の日はビル風と相まって、傘をさしていてもずぶ濡れになってしまい、夜間も寂しく広く暗い街区を数百メートル歩いてやっとエントランスにたどり着く。

市バスやタクシープールも足りず、まるで私鉄沿線で始められた郊外地の開発初期段階のような様相で、最初の生活のインフラがまるで整っていないのである。

また、街区の広さの根拠は、超高層を成り立たせるための制度的空地でもあるため、空き地として、将来路面に商店街が形成される可能性もない。ならば、完全車社会で暮らせるかというと、世帯全員分の駐車場が確保されているわけでもない。

当然ながら住民同士のコミュニティも、通りや路地、庭といった家庭間の中間領域が存在しないため、隣近所という概念がなく、物理的生活空間ごとには、町内会のようなまとまりが形成しづらい。それぞれの家庭は職場や趣味の繋がりを地域外部に持ち、個別のセルが集合しているだけの状態であり、村落共同体としても成立していない。

もちろん、そのような近隣との付き合いが煩わしいという前提で、このような生活基盤を都市に求めている家族の存在が多いのも事実であろう。

しかしながら、高齢化による体力や活動範囲の低下、病気や怪我などによって生活の弱者となった場合に、また災害時の緊急事態において、こうしたコミュニティに所属しない

総合設計制度の事例

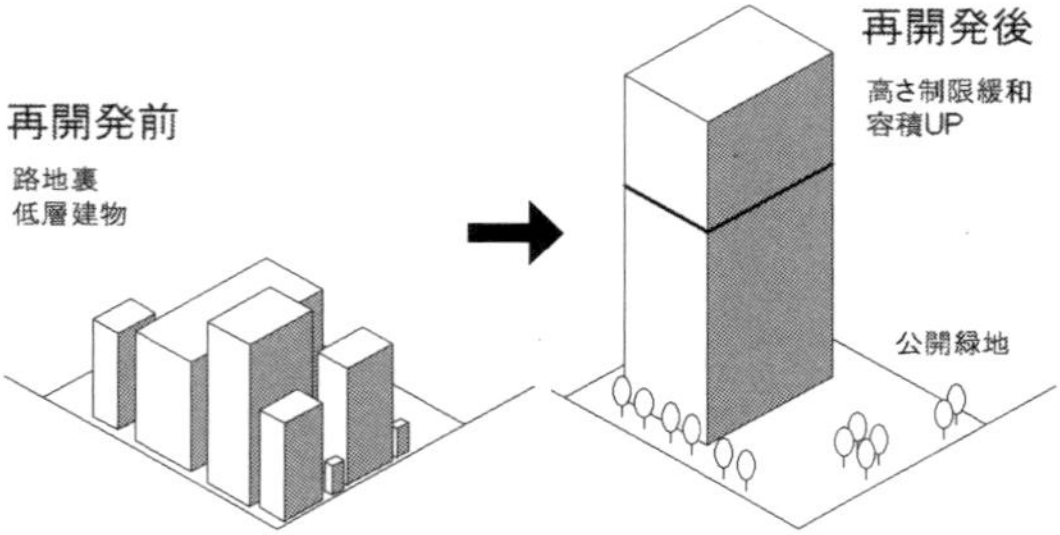

家庭の有り様は脆弱《ぜいじゃく》と言うほかはない。

それだけでなく、生活スタイルというものは、家族構成や就学、就職で容易に変化する。入試等によって通学するエリアが遠くなった場合、企業の移転や異動によって通勤の利便性が失われたり、収入変動でパートに出ることになったり、といったような変化に対応可能な、別の交通手段や隣の町、近隣の他の事業所等々の選択肢が少なく、人口が多いわりには、商業地の多様性も育っていないのだ。

たとえば、人間関係の問題などによって、不意の出会いを避けるために、これまでと方向が逆の道を行くとか、反対側の街に通うとか、別の路線で買い物をするといったような対応が難しい。

このように臨海部の新興超高層住宅エリアでは、都市のつくられ方が初めから完成形で成長の余地や余白の部分がまったくなく、冗長性があまりに不足しているとしか言いようがないのだ。

都市とは本来なら、成長とともに人が増え、人とともに成長していくものであり、建物が完成したときが都市の完成ではないのである。

今現在おこなわれている将来の変化に対応していない超高層マンションのまちづくりには、問題の先送りが多々見受けられるのである。

特に筆者が懸念しているのが、タワマンの大規模修繕の時期である。

タワマンは大規模修繕ができるのか？

都市には新陳代謝はあるが、建築は老朽化する。

現在、多くのタワマンは築年数十数年以内である。もう数年の後には建物の外装も含めた「大規模修繕」という一大関門が待ち受けている。

大規模修繕とは築12年〜15年を目安にマンションの主に外装をメンテナンスする工事のことである。なぜ、大規模修繕が必要かといえば、外装は長年にわたり風雨にさらされ紫外線を受けることで、素材の劣化が起こるからである。具体的には、外装仕上げのタイルや塗装、そして窓枠や換気口などの穴を塞いでであるシール、そして防水層である。

実は、建物というのは内装に関してそれほど劣化が見られなくても、外装は確実に劣化が進んでいるのである。そして、部屋の中からは分かりにくい外装の劣化に気付いたときには、壁や天井から水が滲《し》みてくるなど、正直手遅れなのである。

通常、外装に使われている仕上げ材はタイルである。タイルは水に侵されにくく耐熱性も耐久性も高い素材である。しかしながらタイルを張り詰めた隙間に充填する目地材が十数年後には劣化し、隙間から浸水していたりする。そうなるとタイルの接着面にも影響があり、剥がれたり、漏水したりの原因になる。

次に外装に使われる頻度の高い塗装であるが、これは紫外線により徐々に分解され塗膜の強度が落ちて粉を吹いたりひび割れたりする。その結果は塗装された金属部分の錆《さび》である。錆を放置しておくと酸化した鉄は膨張し周囲にヒビ割れを誘発し、腐食が進むと鉄そのものが劣化してしまう。

そして、一番の問題が隙間や穴を塞ぐシール材である。

シール材とは樹脂やシリコンでできた粘性や接着性能のある充填材であるが、これは十年以前に劣化してしまう。しかし、充填材という性格上隙間周辺に変化がなければ埋められたシールが痩せたり外れたりしない限りはなんとか防水性能を維持していることも多い。であるが、十数年以内に必ずシールの劣化を補修しておかないと、毛細管現象を含めた浸水により、防水層の下の金属やコンクリートを劣化させ、さらなる腐食や強度低下を起こす。

そのため、大規模修繕による外装のやり替えは、現代建築において必須なのである。この大規模修繕はまず建物周囲を足場で覆い、長いときには1年以上もかけて外装の補修をおこなう。

ほとんどのマンションで修繕積立金を納めているのはそのためである。おおよその目安として、1住戸あたり120万円くらいの費用がかかるといわれており、15年ごとであれば、1年で10万円程度の積み立てが必要となるから、修繕積立金も1ヶ月あたり1万円以上というのが一般的である。

しかし、それは15階建てくらいまでのマンションの話であって、30階、50階といった超高層マンション、タワマンではそうもいかない。

通常の足場で対応できる高さではないからだ。

現在のところ超高層のマンション大規模修繕を請け負うことのできる工事会社は限られ

ており、その費用も未知数なのである。

2000年以前に建築したタワマンで2015年頃におこなわれた大規模修繕には約15億円ほどかかっている。約600戸なので一戸あたり250万円と、低層マンションの約2倍である。それでも、タワマンの大規模修繕をやれる業者を見つけるのに2年以上を費やし、実際の作業にも2年かかったという。

臨海部のタワマンの建設は2010年前後が多く、それらは皆、これから大規模修繕の時期を続々と迎えることになる。

建設時に比較して建設工事費も建材も高騰し、そもそも建設業者自体が減少している中、果たして当初の予定どおり大規模修繕がおこなわれるのか、修繕積立金で間に合うのか、決して楽観視することはできないだろう。

それだけでなく、投資のために購入し不在所有者も多いといわれるこうした臨海部のタワマンで、大規模修繕費用が想定以上に増額した場合に、理事会での承認が採決され得るのかどうか、という問題も残している。

そういった意味でも、タワーマンションを一建物とだけ見るのではなく、多くの人が暮らすコミュニティとして、持続的な都市生活の基盤としての位置付けと法整備が必要となるはずだ。

それを放置して、新築時にのみ様々な制限を掛けてはいるが、許認可後の運営や、数十年後の姿にまで言及しない行政も、分譲したら終わりのデベロッパー、建設会社も建築家も、都市計画的な対応を怠っているという現状は、完全に都市のファスト化をさらに助長しているということに他ならないであろう。

第六章　国際社会における国家のファスト化

1964東京オリンピックの成功

　失われた30年といわれる日本経済の衰退だが、その影響は国内政策だけでなく、国際舞台においても露呈《ろてい》してしまった。それが前回の昭和39年から約60年という、人でいう還暦を目処としたかのように開催された東京オリンピックと2025年におこなわれる大阪・関西万博である。

　前回の東京オリンピックは1964年（昭和39年）、太平洋戦争における敗戦により焦土と化した我が国が、奇跡と呼ばれた復興を遂げ、戦後20年を迎えるタイミングで国際社会に復帰することを高らかに歌い上げたイベントとなった。

　太平洋戦争終了後に日本を占領した米軍と米国政府は、我が国を二度と他国と戦争を試みたり欧米を凌《しの》ぐほど経済発展をしたりすることのないよう、軽工業と農業だけの国家に作り替えようとした。そもそもヤルタ会談に臨んだ戦勝国は日本を分割統治しようとまでしていたのだ。

　ところが、東西冷戦が始まり、ソビエト連邦を中心とする東欧や極東の共産諸国を含む東側と、米国を中心とする自由主義経済を標榜《ひょうぼう》する西側諸国に分かれて、軍事的に対立する事態となった。

社会体制の違いは経済的にも両者を分断し、積極的な外交も人的交流も避けてにらみ合う外交戦争、いわゆる東西冷戦が始まったのである。

東西の勢力圏が接するいくつかの紛争エリアでは、限定的な交戦がおこなわれただけでなく、各諸国の互いの政治体制を転覆させようとする動きや、同じ民族や国家同士で内戦が繰り広げられるようになった。南北に分かれた朝鮮戦争やベトナム戦争がそうである。

同時に第二次世界大戦には関わりの薄かった中南米諸国やアフリカ大陸でも、独立を果たしたばかりの国々において、ソ連もしくは米国どちらかの陣営に分かれ、大国の支援を受けたクーデターや新政権樹立などが、目まぐるしく巻き起こっていたのである。

そうした東西冷戦という諸事情の中で、占領日本の独立や米国との安全保障条約が締結されたことで、西側諸国における日本の役割がソ連および中国という共産国に接するという位置関係から国際的にも高まり、それまで以上に重きをおかれるようになったことで、再度、我が国は工業国としての経済発展に取り組める機会を得たのである。

その成果を国際的にアピールする最初のチャンスが、１９６４年の東京オリンピックであった。

東京オリンピックを契機に初めて日本を訪れた外国人、国際中継を通じ初めて日本という国の様子を知った多くの国々の人々が世界に拡がったことは、戦後の我が国の外交や経済活動にも多大な影響をもたらしたのである。

国際社会のはじまり

1964年の東京オリンピックは、当時の東西冷戦だけでなく、アラブ諸国とイスラエルによる中東紛争、インドシナ紛争、アフリカの独立運動といった様々な国際的な事情を抱えながらも、世界中の国々がスポーツ文化を通じて、平和裏《へいわり》に日本の首都、東京という都市に集ったことが、画期的だったのである。

そのことは、国内でも始まったばかりのカラーテレビ中継を通じて全国に放映された。国際的な舞台で技や記録を競う日本人アスリートの妙技は、多くの国民の瞳にその勇姿が焼き付けられ、敗戦から起ち上がった人々を大いに勇気付けたのである。

戦後の日本の高度成長は、他の国々にとっても、第二次世界大戦以降の新しい世界像を模索した時代でもあった。

特に参加国の中には、それまで数世紀にわたる欧米による支配、帝国主義時代から続いていた各大陸の植民地が独立建国し、新しい指導者の下、近代化に向けて歩み始めた時期だという国もあった。

オリンピックという国際イベントを通じ、自国とは異なる多様な文化や多様な民族、多様な国家の存在に世界の目が開かれていったのである。

オリンピックを契機とした国内整備

同時に、世界の様々な国々でも、都市整備が進むことで、空港や鉄道、道路が敷設され遠距離移動が可能になり、民間の旅客機での国際往来が当たり前となっていく。ラジオからテレビへと映像を通じた報道が日常となり、人々の世界に対する認識は大きく変化した時代でもあった。

冷戦下ではあったものの国際協力や人的交流はより盛んになるその予兆を含むタイミングで開かれた東京オリンピックは、敗戦国でありながらアジアで初めての開催国として、新しい国際社会の幕開けを象徴するものでもあり、実に多くの示唆《しさ》と希望を人々に与えたわけである。

国内においては、オリンピックを機会に様々な国土整備や、当時の国際標準に見合うだけの社会資本整備がおこなわれた。この機会を、戦後復興から次の時代に向けて本格的な社会インフラ整備をおこなう契機とも捉えたからだ。

東京と大阪を4時間弱で結ぶ時速200キロを超える高速鉄道の新幹線、その後のモータリゼーションの発展を予測し、全国に張り巡らされることになる高速道路計画は、まず東名高速道路の整備に手が付けられた。

既存の河川や運河など、過密化した都市の空地を最大限に利用して、ビルとビルの間を縫うように高架上に建設された首都高速もまたオリンピックを契機に整備された。

各地の港湾施設や物流網の整備、各地域の庁舎建築の新築、運動公園や体育館などの新設など、このオリンピック開催を目処に推進された日本全体の公共施設やインフラ整備はその後半世紀を経てもなお、現代の我々の生活を支えているものばかりなのである。

つまり、当時の政策立案者や為政者たちの先見の明は、国際イベントを通じて日本の現状をつぶさに忌憚《きたん》なく見つめ確認したことが元になっている。来たるべき未来の社会における問題点をあぶり出し、国際的な日本の存在価値をいかに高めていくか、その優先順位と実行計画を着実に立てた上で、淡々とかつ大胆に実行実現していったわけである。

その社会資本を土台としたうえで、民間企業も発展し、新たな事業が起ち上がり、国際的に評価されるほどの製鉄、造船、自動車や機械、電気機器、精密機械などの製品とそれを生み出す企業が続々と現れ成功していった。こうした製品が我が国の主要な輸出品目となり、外貨を獲得すると同時に、次の製品開発や製造拠点の発展を見る。

敗戦後ゼロから再出発した我が国の多くの人々が、生活の向上と、社会の発展を願ったその成果が、現在まで我が国をかたちづくっているのである。

東京オリンピックはただ単にスポーツ競技と国際交流という役目を超えて、そうした社会構造の変化を全国民に実感させた、象徴的な国際イベントでもあったわけである。

東京オリンピック2020　国際イベントのファスト化

ひるがえって、東京オリンピック２０２０を振り返ってみたときに、まず気付くことは、このオリンピックを通じて我々の生活は何も変わらなかったということである。

そればかりか、当初目論んでいたであろう景気対策も、再開発を含めた都市整備も、な

ん ら進まなかったという印象である。

そもそも、二回目の東京オリンピック誘致の噂《うわさ》を耳にしたとき、オリンピックは都市開催だから、同じ都市でまた開くのはちょっと無理なんじゃないかというのが大方の見方だった。

実際に、その時までに二回以上のオリンピックの開催を予定も含めしている国とその都市は、イギリスのロンドン、フランスのパリ、アメリカのロサンゼルス、イタリアのコルティナの4カ国の4都市である。そもそも、この時点で1896年から始まった近代オリンピックの開催回数は30回ほどであり、200カ国近い国連加盟国があるなかで複数開催となること自体、オリンピックの開催意義が、かならずしも国際社会の平等性を意味するものではないことがわかる。

特に1984年のロサンゼルス大会からオリンピックのビジネス化が始まり、スポンサー収入や放映権に多額の資金が飛び交うようになる。チケット収入やライセンス等を管理するIOC国際オリンピック委員会は莫大《ばくだい》な資金と開催の権限を持つに至ったのである。

その頃から、オリンピックという人々が受けるであろう好感度を利用しながら、商業的アピールが可能な国際イベントとして、各国でスポンサー企業の格好の広告宣伝の機会ともなっていったのである。

同時にＩＯＣの要求する開催都市への誘致条件や、競技場規模を含めた準備までの要求のハードルがどんどんエスカレートし、開催都市や開催国への経済的負担が大きくなり過ぎ、開催都市の巨額赤字が懸念されるようになっていったのである。

オリンピックをなぜ開くのか

そもそも、各国のオリンピック開催誘致の目的と意義は何かというと、まず、都市や国家の国際的なアピールである。世界各国にその国と都市を知ってもらうということであり、その準備のための都市の再開発や観光誘致の契機にする。

そういう意味では、誘致する国内側の経済政策としての意義もあるだろう。

その2つの効果によって、国威発揚や国民からの支持を開催時の政府や都市の首長が得ることを目論んでいるといえるだろう。

そして、そのことがＩＯＣ国際オリンピック委員会に対し誘致決定に至るまでの間、投票権を持つ各国の委員に対し卑屈なまでの接待や誘致合戦を加熱させる理由でもある。

もちろんオリンピックの開催継続には、世界的なスポーツの振興だけでなく、スポーツを通じた外交やスポーツを通じた人々の国際交流の触発がある。

それだけでなく、スポーツの社会的ステイタスの向上と、各競技者の技や能力、競技者のドラマを、報道や通信を通じ体験することで、国ごとに国民のスポーツ意識や潮流を知る契機、開催都市の人々の活性化や地方創生の起爆剤とすることもできるだろう。

そういった根本的な意義を考えたときに、本当に二回目の東京オリンピック誘致の必要性があったのかといえば、答えは否である。

東京オリンピック2020開催決定時からずっとその疑問は消えず、なにか日本にとってプラスになるようなレガシーはあったのか、開催終了後も多くの国民の間で燻《くすぶ》っているのが実情だ。

東京以外の都市でオリンピックを開催すべきだった

そもそも、2回目のオリンピックの誘致については、我が国では常に東京一極集中の是正が政策の中心課題として取り沙汰《ざた》されており、まずは東京ではなく他の都市、最低でも日本の第2の大都市、大阪に誘致を試みるべきであっただろうし、事実、2000年前後には大阪や、九州の福岡オリンピック誘致を試みてもいた。

当時はバブル崩壊の余波で日本経済は不動産、金融を中心に瀕死《ひんし》の状態にあり、大手ゼネコンの破綻や経営危機、それまで日本の輸出品目で国際競争力を牽引《けんいん》してきた自動車、電気、電子、機械、家電機器の名だたる製造メーカーの一部でも、不祥事や企業再編や合併などで、四苦八苦していた時代であった。ならばこそ、余計に東京以外の都市で、その後の国際競争力を左右していくことになる電子、情報産業を中心とした枠組みで、政財界も一体となって東京以外の都市で誘致に取り組む価値はあったであろう。

そのときの候補都市の大阪のオリンピック誘致失敗原因も、夢洲《ゆめしま》と咲洲《さきしま》という開催地の選定に起因するものなのだが、それは後述する二回目の万博誘致の問題点に繋がるのは皮肉なことでもある。

実際に、会場を地盤や都市インフラに問題の多い、夢洲や咲洲にすることなく、関西空港を擁するりんくうタウンや阪南《はんなん》中心で検討していればよかったのではないか、という考えは今でも筆者の中に残っている。

この大阪誘致と同時期に、都市内に利便性の高い空港を抱えている九州の福岡も、オリンピック誘致に乗り出していた。福岡は国際都市としてアジアを中心に人気の高いエリアでもあった。特にスポーツや文化の面で多くのタレント、ミュージシャンや選手の出身地でもあり、国内向けに機運を盛り上げる発言力もある。

歴史的にも長く国際交流の窓口でもあった福岡・博多エリアは北九州の工業地帯との連携も可能で、北九州のコンビナートを含む八幡《やはた》製鉄所や重化学工場エリアの都市再生をも模索可能な、大きな都市構造の枠組みを形成することも可能だった。東京以外に国際的な都市を創出するという意味でも、日本の次の時代への変革の機運としても有望であったはずである。

もちろん、当然のことながら、他の日本の大都市、名古屋や仙台、札幌なども、オリンピックのような国際イベントに名乗りを上げるべきであり、結果として開催誘致することができたならば、東京圏一極集中を防ぐだけでなく、日本という国と他の都市、地域、その自然環境や文化をさらに国際的に知ってもらう契機ともなる。当然ながら地域に住む人々の意識も変わり、投資を含む産業配置も大きく変わってきていたであろう。

東京以外の都市が国際的にも大きくその印象を高めていくことは、我が国全体においても、大きな活力と機会の拡大に繫がったはずなのである。

東京オリンピック2020が決定するまで

その後、東京が二度目のオリンピック開催を言い出した経緯は、スポーツ界では大阪誘致が失敗に終わった後の2004年頃からと言われている。

当時の石原慎太郎《いしはらしんたろう》東京都知事は自身も若い頃からのスポーツマンでもあり、都知事に就任してからの様々な政策の中でも、後に世界6大都市マラソンと呼ばれるまでになったスポーツイベント、東京マラソンを始めたことでも知られる。

つまり、スポーツの祭典的効果と国際的なPR効果も充分心得たうえで、ボランティア中心のスポーツ運営母体の仕組みも整えた万全の体制を組み、2016年開催に向け、二度目のオリンピック誘致を進めていったわけである。

このときの会場候補地は東京でも湾岸エリアであり、二度目の東京オリンピックという意味では、1964年開催の諸施設を最大限活用し、肥大化するオリンピック開催予算を抑えながら、都市の自然環境と共生することを念頭に置いたものであった。

しかしながら、この2016年開催の誘致には失敗した。

その時点でもう一度、東京以外の都市での開催も検討の余地に入れるべきだったと思われる。それは、政府が東京圏への一極集中の是正《ぜせい》を言い出して以降も、その後の20年間で東京圏への一極集中はさらに進み続けていたからである。

地方都市の空洞化がさらに進行する中で、政権交代の混乱や東日本大震災等もあり、以前のような東京以外の都市でのオリンピック誘致の盛り上がりは、ついぞ見出すことがなかったのは、大変残念なことでもある。

そうして、東京オリンピック再誘致の活動が再開されたわけである。そして、石原慎太郎氏の遺志を継いだ猪瀬直樹《いのせなおき》東京都知事の在任中に、ついに２０２０年の二度目の東京オリンピックの開催が決定した。

しかし、この二度目の東京オリンピック開催までの数年間の経緯の中で、国際イベントにおける建築のファスト化がさらに如実に現れることになるのである。

東京オリンピック２０２０メイン会場の迷走

それは、社会問題にまで発展した、東京オリンピックのメイン会場になった新国立競技場の建設問題である。そもそも前回の１９６４年オリンピック以前に、戦前より広く国民の健康増進とスポーツ文化の振興を目指して、明治神宮外苑にアマチュアスポーツの聖地として建設されたのが、旧国立競技場の前身、神宮外苑競技場である。

１９２４年（大正13年）に造られたこの競技場は、観客席も建築物としては西面片側だけしかなく、ほとんどの観客席は敷地形状の窪地《くぼち》をうまく活用した斜面に芝生席しかない簡素なものであった。主に陸上競技のためのトラックがあり、その他に神宮球場や相撲場なども備え、絵画館を中心に都市のオアシスとして全体計画されていた。

戦争中は学徒動員の式典にも利用され、徴兵に応じる学生たちの行進の姿が記録フィルムにも残されている。

戦後、この競技場は巨大な観客席を有するコンクリート構造の建物に建て替えられる。それが、１９６４年のオリンピックを契機に観客席の増強工事を施された旧国立競技場である。

その競技場が建設されてから築50年を超えて、耐震工事や設備の更新をするタイミングに来ていた。そこで、大規模な修繕計画と商業テナントを入居可能な増改築が予定されていたのである。

同時に前回のオリンピック開催以降の国際的な競技ルールの取り決めにより、正式な国際陸上競技大会を開くためには、競技トラックと同等の広さをもつサブトラックの設置が義務づけられるようになっていた。そのこともあって、国立競技場を新たな国際基準に応じる改修計画も進んでいたわけである。

当初の二回目のオリンピック誘致では、この旧国立競技場を建て替えることなく耐震補強や、上記のような機能増強工事により、再生活用する方針であった。そのための設計も終わり工事見積もりも出されていたのである。

２０１６年の東京オリンピック誘致の際には旧国立競技場は活かしながら、湾岸に新たなスタジアムを計画し、海から都心に向かう都市軸の構築を念頭に計画案が出されていた。それは投資金額が増大し続けるオリンピック開催都市のリスクを抑え、むしろオリンピックの開催の歴史を引き継ぐ意味でも、古い競技施設を残しながら再生するという世界的な潮流にも合致していた。ロサンゼルスのオリンピックスタジアムやドイツのベルリンスタジアムなど、他の国々でも、旧スタジアムの建築を活かしながら再生することは積極的におこなわれていたことだったのである。

新国立競技場問題の発生

ところが2020年誘致では話が一変する。旧国立競技場を建て替える前提で、オリンピック誘致のためのスタジアムのデザインコンペが開かれることになったのである。

これには、当時ずっと国立競技場の管理やメンテナンスに関わっていた設計会社も困惑し、まだ使える記念碑的建築をなぜ拙速《せっそく》に取り壊す必要があるのか、といった疑問の声も噴出した。

さらに建て替えの新築コンペティションの行方も迷走していく。

このコンペはオリンピック誘致決定のさなかに急に開催が決まったらしく、通常の国際コンペティションの開催手順としては、募集要項の作成や要望する建築条件のとりまとめ、審査基準や審査員の選定など、国際的に世界中から提案を募集するには取り組みのスタートが遅すぎて、1年近い時間の不足が見込まれたからである。

オリンピック誘致の前にそのメインスタジアムの建築を国際デザインコンペで募集するというアイデアそのものは、国際的なイベント告知としてはよかったかもしれないという意見はある。

そもそも世界中で大概の都市インフラは整っており、戦後十数年間のような世界中で新築建築のデザインや工法が競われるといった時期はとうに過ぎており、大型建築の設計デザインに関われる機会は世界的に減っていたからである。

そのため、この東京オリンピックで使う予定のメイン会場のスタジアムが、設計競技のコンペにより選ばれると発表されたときには、建築界は湧いたものである。しかし、そもそものような国際コンペを開催する充分な時間はなかったのである。

国際コンペティションのファスト化

そこで、関係者はこのコンペティションの参加規則に大きな制約をかけ、応募可能な建築家の数を絞ろうと試みた。応募可能な建築家は、国際的な建築賞の受賞歴などがあり、スタジアムの設計経験があるか、同等の大型建築の設計経験がある者のみとしたのである。

さらに、採用された設計案をもとに建設していくときの手続きや業務時間を短くしようということで、非常に浅はかな選択をおこなった。

それは、設計デザイン案は広く国際的に募集をするが、実際の設計は日本側の設計事務所でおこなう、としたのである。

これは建築家に対し、大変失礼な話で、喩《たと》えていえば世界的なシェフに素材と料理のタイトルや味付けの雰囲気だけを聞き、実際の調理レシピは勝手にすすめ調理も別の人がやる、と言っているようなもの。音楽の演奏でいえば、曲タイトルと雰囲気だけを鼻歌やコード進行でもらい、あとの作曲や演奏はこっちでおこなうと言っているようなものである。

これは国際的な建築家の役割や常識的な建築設計業務の進め方とは、まったく異なるものであり、まず最初の時点で、世界的建築家の一部からは、クレームや不参加の表明があったと聞く。

しかも、東京オリンピックの誘致決定と絡んでいるため、今回のアイデアをもとに本当に新築するかどうかは未決定という条件付きというものであった。

つまり、「オリンピック誘致に新スタジアム構想は利用させてもらうが、誘致が決まらない限り建て替えの建築はやらないよ」という国際的にも信義を欠くものだったのである。

さらに不誠実なことには、本来なら守るべき建設予定地の神宮外苑地区の都市計画基準や高さ制限がありながら、実施前提としないアイデアコンペなのだからという、たてつけで現行の法令を無視した応募要項が作製されていたのである。

公園の基準や明治神宮周辺には風致地区指定という景観を遵守する規制も課せられたエリアであり、高さは20m以下に抑えられていたはずだが、なぜかこのデザインコンペでは70mまで可能としてあったのである。

国民には法を無視した募集要項を作成していることを隠し、仮に指摘されてもアイデアレベルであり実施の可能性はないのだからかまわないだろうという、目くらましも施したうえで、実際に受賞者による設計と建設を必ずしも約束しない、あくまでデザイン参考案募集ともいえる、建築コンペにおける国際基準を無視したような、不誠実きわまりない変則的なコンペティションを企画していたのである。

新国立競技場の建設費問題

そのため、本来なら参加資格のあった国内の建築家からも、不参加表明やコンペのプロセスや審査過程に疑義が出されるなど、応募案の募集前からコンペそのものが問題視されていた。

案の定、コンペによって選ばれた案は国際的に著名な建築家の案ではあったが、未来的な完成イメージのビジュアル提案が優先されたものでしかなく、実際にオリンピック誘致が成功しなければ実行に移すこともないだろうという認識であった。

それを前提としながらも、そのビジュアルイメージでのオリンピック誘致申請はおこなわれていた。

ところが、その結果、２０２０年のオリンピック開催地が東京に決まったことから、俄《が》然《ぜん》、このメイン会場のビジュアルイメージは様々なところで報道や広報に使われることになったのである。

すると日本の建築家の多くから、神宮外苑の景観にそぐわないのではないか、そもそも既存の都市計画法、風致地区規制や高さ制限に抵触しているのではないのか、といった疑義が出されることとなった。

筆者は、当時、この新国立競技場のデザイン案には、既存の法律制限の問題だけでなく、計画案の実現に多くの物理的障害や構造強度を含んだ技術的な問題が隠されていることなどを指摘していた。

その建築構造の技術的問題は計画を進めるうえで致命的であるため、計画は頓挫《とんざ》する可能性が高い、オリンピック誘致前から検討されていた当初の計画であった既存の国立競技場の耐震強化と機能UPに立ち戻り、もう一度、新築するかどうかを考え直すべし、との指摘をおこなっていた。

また、多くのメディアや講演会に出演し登壇するだけでなく、政府のオリンピック施設の検討会や準備委員会、文部科学省や内閣府の勉強会などでも説明し、問題点を説明するような事態となったのである。

デザインが斬新だからという理由ではなく、技術的に解決が困難なスタジアムの構造的問題と、実際に施工可能かどうかの問題を抱えたままこの計画を進めようとしていたJSC（日本スポーツ振興センター）はじめ、関係者は、当初のスタジアム建設予算である2500億円からさらに900億円積み増し3400億円を超えて、さらに増額の可能性をも示唆する事態となった。最終的に政府もこの計画の不備や問題点を知ることとなり、安倍首相の判断で計画は一端白紙化されたのである。

この一連の事件は、非常に安易に建築計画を考え、国際コンペティションの意味とその運営の方法、案を選定した後の取り扱いまで、まったく配慮を欠いた結果に他ならない。

同時に、本来の目的であった、オリンピック開催時のメイン会場機能ということをないがしろにして、音楽コンサートやイベント会場としての利用を優先、結局はサブトラックも建設せず、元のデザイン案とは似て非なる妥協した計画に落とし込みながら、その構造的な問題点をキチンと把握することも解決することもせず、だらだらと無責任な検討を続けたあげくの遅すぎた決定であった。

多くの建築専門家も日本建築学会や日本建築家協会などの業界団体を通じ、コンペ案からの日本側における翻案に疑義を唱えており、特に新国立競技場のコンペに参加していた建築家からも旧国立競技場の改修に向かうべきと政府に具申していた。

そうした世論の声や動きに、新国立競技場計画が後戻りすることを恐れたのか、当時のJSC、東京都、文科省の関係者らは元の旧国立競技場の解体のみを急いでしまったのである。

しかもその解体工事の入札においても杜撰《ずさん》な募集計画から、事前に予定価格の情報が流出したり、不正が発覚したり、応札する業者の問題などもあって、何度か入札の見直しが図られた。それらも、解体工事などすぐに決まって、簡単に済ますことができるだろうと、高をくくっていたに違いないと思われる。

再開発における解体工事の困難さ

普段、多くの方が目にする解体工事とは、古い木造住宅が壊され新築されるとかの小さな現場でしかないだろう。大型の解体工事ということになると学校の新築とか庁舎の建替えぐらいで、そのような工事現場は安全を考慮して高い塀などで囲われており、その概要はわからない。

そのため、木造住宅の解体工事で見られるような、再利用可能なある程度の資材を外した後には、大きなハサミのついた重機で一気に壊してしまい、2日か3日であっけなく何もなくなってしまう簡単な工事をイメージしているかもしれない。

しかし、都市におけるビルの解体やコンクリート構造の大型建築物の解体はそう簡単ではないのである。

まず、解体工事の現場では重機の足場の確保が重要となる。住宅の解体工事においても庭付き一戸建てならば、解体対象の住宅の脇に重機を設置するスペースがある。重機自体の重量もさることながら、重機のアームで物を持ち上げたり動いたりする場合には、人間でも重い物を持ち上げたりする場合柔らかい地面には足がめり込んでいくように、重機自体の沈下もありうる。それは地面に反力が伝わるからだ。

重機と土の間に鉄板を敷き込んだりするのはそれを防ぐためだ。そうした足場の確保があって初めて重機での解体作業がおこなえるのである。それが都市のビルが密集するような現場で、細い道路しかない場合など、道路の路盤強度の確認や電柱や電線への干渉を事前にチェックすることも必要となる。

ごく希に解体中の現場で電線を切ったり電柱を倒して周辺の数千世帯が停電となってしまうような事故があるのは、解体重機やクレーンなどの長いアームが抵触してしまったことによる。

再開発事業などでの既存のビルの解体では、木造2階建て住宅のように重機が家の脇から壊すようにはいかない。

そもそも解体する対象の建物は重機よりも背が高い。高層化したビルの解体は最上階から始めるのである。比較的小型の重機を吊り上げ、屋上に下ろす。そして自分が降り立った階の床を壊し、瓦礫《がれき》を積み重ねてスロープのような足場を確保しつつ徐々《じょじょ》に下に降りて行くのである。

これは、文章で書くのは簡単だが、実際にやるとなると大変な知識と経験と技術がいる作業なのである。

まず、古いビルの床の強さがはっきりとは分からない。本当に想定するコンクリート強度があるのか、古いビルであればあるほど記録もなく、一部に欠陥や施工不良など思わぬ落とし穴があるかもしれない。また重機を載せても大丈夫かどうか、瓦礫と共に下に下ろしていくことは可能かなど建設時には想定していないため、解体経験者によるこれまでの壊れ方の経験と、建築の法律上の想定強度ではなく、現場でのリアルな耐荷重の見込みの確かさが重要だ。

そのため、優れた解体工事業者はエンジニアリングの知識も豊富で、計算によって解体の方針を立てている。それが十数階といった地上数十メートルから地下構造物の解体まで続くのである。つまり、都市における大型の高層ビルの解体工事とは、新築したときの設計やゼネコン以上の建築の技術と物理科学的調査分析、それに加えて周辺への配慮が必要なのである。

よく、映画や記録動画、テレビニュースで見られるような高層ビルのダイナマイトによる破壊の現場があるが、アメリカなどの大陸国家で周辺に広い空地があり、道路も鉄道も充分離れており、他の社会活動に影響のないような場所で破壊したときの粉塵《ふんじん》や瓦礫の危険性もないようなところでないと不可能な手法であり、平野のほとんどが高密度に都市化されてインフラも道路も鉄道も近接しているような我が国においては、爆破解体という手法はまず不可能である。

そのような解体工事の現実に従えば、国立競技場のようなコンクリート造の巨大建築は、建築というよりさらに堅固な土木構築物の橋桁《はしげた》のような構造をしており、都内でもそのような解体工事を受注可能な業者は片手で数えられるほどしかいない。

地上数十メートルの観客席まで届く高層アームを保持した重機を保有している解体業者は私の記憶では、当時1社か2社だけであった。

つまり、国立競技場の解体を請け負える会社はほぼ決まっているのである。にもかかわらず、このときに不可思議な入札がおこなわれて、都内に実態のある事業所すらないような埼玉県の解体業者がこの解体工事を落札した。

そして、都内で1位、2位の解体工事業者を下請けに使おうとしたのである。

この入札経緯については筆者のところにも都内の解体業組合の組合員企業から事の経緯を告発し、事態の収拾についての相談があったため、よく覚えているのだが、この件に関しても入札の失敗を焦った政府関係者が無理な根回しをしたのではないか、と言われていた。

結果として、いくつかの工区に分けて工事を実際におこなうことができる工事会社が、元請けと下請けの両方で動くという八面六臂《はちめんろっぴ》の活躍でなんとか、事なきを得たのである。

以上のように、都市開発にもゼネコンの力は必要であるが、解体工事が単に下請けでは務まらない事態が数多く起こると考えられる。今後は都市施設の更新における解体工事も含んだ創造的な元請け、解体ゼネコンといった業態が重要になっていくと予見しておく。

新国立競技場計画の白紙撤回とコロナ対策五輪

話を元のオリンピックのメイン会場に戻そう。

計画の主体である文科省とその関係団体である日本スポーツ振興センター（JSC）は、焦って旧国立競技場を壊してしまい、自ら解決の選択肢の一つを潰してしまった。

結果、もはや進行不能のタイムリミットが来てしまい、計画を中途で放棄したという意味では前代未聞の大失態といえるだろう。

さらにその仕切り直しとして開催された、スタジアム設計コンペでも、設計参加者をあらかじめ施工予定のゼネコンと組ませた結果、応募が2者しかおらず、さらに酷い根回しと提案の操作がおこなわれたことが分かっている。

ここまでの経緯で言えることは、前回の東京オリンピックでは日本国民全員が、敗戦からの日本の復興と世界平和を願い、社会資本の整備、国民のスポーツ文化健康の増進、そして国際社会への再参加という大きな目標を目指していた。

それに対し、東京オリンピック２０２０ではそのような大義もなく、経済衰退が続く日本の国威高揚として景気浮揚策の掛け声だけであった。

具体的に新たな社会資本整備もなにもおこなわれることもなく、大会後は使い道にさえ困るという新国立競技場は、さらなる維持管理費を費やし、オリンピック開催直前より始まった世界的なコロナ禍により多国間移動や国際イベントが中止された。東京オリンピックも1年延期されたうえで、無人開催となり、世界中がリモート観戦ということになった。オリンピックのために巨大な観客席が必要だからという理由で建て替えた新国立競技場なぞ、まったく無用の長物となり、１５００億円以上という無駄金を投じて終わったのである。

疫病の蔓延《まんえん》という予測もし得なかった世界的なアクシデントではあったが、仮に、東京以外の都市での開催を目論んでいれば、関西の都市でも九州の都市でも、場合によっては、震災復興を言葉だけでなく、それを真のテーマにして東北の都市であったならば、もっと世界に対し、東京以外の日本の都市をプレゼンテーションできていたであろう。

そしてコロナ後のインバウンドの盛況を考えてみれば、東京以外の都市でオリンピック開催を実行できていたとするならば、無人開催のリモート観戦という事態であっても、オリンピック施設整備を含めて都市開発は無駄にはなっていないに違いないのである。

東京オリンピックのファスト化の顚末《てんまつ》

前回の1964東京オリンピックと東京オリンピック2020は、開催条件の違いもあり、単純比較するわけにはいかないが、東京オリンピック2020は、少なくとも国際イベントとして国民が一丸となって取り組み、納得するものではなかった。その原因はやはりイベントに付帯する施設整備計画の不備であり、企画された建築計画の不手際、陳腐化、拙速さによるものである。

そのときになし崩し的に建設されてしまった新国立競技場では、当初のデザインが白紙

新国立競技場（写真：Tanja Houwerzijl/SOPA Images via ZUMA Press Wire/共同通信イメージズ）

撤回される要因ともなったいくつかの問題点のうち、もっとも懸念されていたオリンピック後の利活用についての議論が、真摯《しんし》に見直されることがなかった。国際大会を開くことができる陸上競技場として活用するのならば、必須の条件であったサブトラックの設置も、サッカー競技場として利活用するのであれば、フィールドの形状に合わせた観客席の改装も、また、大規模な音楽コンサート会場としての防音性能やドーム化の可能性も検討されないまま、ただ建築デザインの表面だけを変えただけだったのである。

その、見た目だけの見直し提案設計者の座に、隈研吾氏を起用してしまった施工担当のゼネコン大成建設とスタジアム実施設計の梓設計のチームは、最初に計画した公共施設の内容に問題があるのならばその見直しもあり得るのだという画期的な機会、これまで一度決まったら変えられないという公共事業の有り様を変える絶好の機会を無駄にした。

同時に、ゼネコンや官僚はじめ様々な関係者の利害調整に長けている隈研吾氏を、オリンピックスタジアムの設計者として、建設業界の大きな権威にしてしまうことになった。

その結果が、現在、社会問題にまでなった「腐る建築」のリスクを抱えてでも、建物の表面に薄い板を貼り付けるという、ファストな建築の流行に繋がっているのは、皮肉なことである。

EXPO'70大阪万博のテーマは「人類の進歩と調和」

1964年の東京オリンピックと東京オリンピック2020の関係と相似形に進行しているのが、大阪・関西万博を巡る問題だ。前回の1964東京オリンピックで始まった日本の復興は、EXPO'70大阪万博で高度成長期のピークを迎えることになった。

東京オリンピックから大阪万博の開催までの6年間で、日本ではさらなる経済発展が進んでいた。それは国際交流や文化交流を通じた人々の意識の変化をもたらした。

そういった意味では、第一次、第二次世界大戦という人類にとって未曾有《みぞう》の悲劇を経て、本当の意味で、地域と国々と世界と地球がひとつになった祭典だったといえるだろう。

その象徴的な展示物が「月の石」だったわけである。

ただのひとつかみの岩石がそこまでの象徴的意味を持ち得たのは、ひとつに戦後の米国の国際的な覇権主義や未来を切り開く科学技術の一国のＰＲにとどまらず、人類が自らの寄って立つ基盤が、太陽系の地球という惑星であるということを、具体的に地球外のモノが示していたからに他ならない。

同時にこの成果は人類が安定的な世界秩序に向かう過程であることをも分かりやすく示していた。

「人類の進歩と調和」というテーマが世界的に共有されたのである。当時の我が国の政治家や起業家、科学者や文化人、芸術家だけにとどまらない、すべての人々にとって、人類という言葉が、我が事のごとく伝播《でんぱ》していったからこそ、ＥＸＰＯ'70大阪万博は、世界史上も真の万博の姿として語り継がれているのである。

テーマが見えない大阪・関西万博2025

ふりかえって、東京オリンピック2020、大阪・関西万博2025を考えてみたときに、その目的意識や開催準備の過程、その結果について前回の国際イベントと比較して、本当に同じ国家が開催しているのだろうか、と疑問に思うぐらい残念な方向に進んでいると言わざるを得ない。

まず、開催地であるが大阪湾に突出した北港処分地という名の通り、海の中に堤防を築き、都市の廃棄物を処分しながら浚渫土《しゅんせつど》や工事残土と共に人工的に埋め立てられた孤島であった。

それが現在の「夢洲」である。この場所選定が後々まで尾を引き、万博の開催準備で大きな足かせとなっただけでなく、2000億円以上の投資を強行した割りには、70年万博に見られたような、万博準備に合わせた周辺都市の整備や、万博開催後の跡地利用など、その後の都市の発展に繋がっていくきっかけがなにもないのである。

その理由は、既存の都市構造と乖離《かいり》した立地であるだけでなく、会場周囲は未だ海中であり、将来の人口増加を期待できる住宅地でもなければ、商業地域も存在せず、また夢洲へアプローチする公道も通り抜けの一本があるだけである。

つまり、公共交通機関も乗降客の将来像を見通せない都市計画となっているのである。

なぜ、そのようなどん詰まりに会場選定がなされたのかと問えば、誰しもがＩＲ誘致のためであったと答えられるぐらいに知れ渡っている。今回の大阪・関西万博の開催理念とは完全にかけ離れた動機なのである。

もちろん、そこに「人類」という文字もテーマもない。

万博にかこつけた夢洲ＩＲ誘致

ＩＲとは統合型リゾートといかにも意味深な名称がつけられているが、簡単に言えばカジノを誘致するための背景となる商業リゾート地のことである。

我が国では以前より米国のラスベガスやアジアではマカオ、シンガポールに存在する金銭を賭けて様々なゲームを楽しむ公認の賭博場、いわゆるカジノが存在しない。

そのことが世界中の超富裕層が来日しない理由のひとつであり、観光地としても大きなお金を落とす場所がない、ということを理由として、以前よりカジノ誘致の施策が練られていた。

しかし、賭博を公然と誘致することに日本国民の反発も大きいことから、日常生活とは離れた隔離された空間として、高級リゾート施設群の中のほんの一角を占めるのみである、という建前で３％ルールというものを設けた。

ＩＲ法というものが施行され、統合型リゾート施設規模全体の面積の３％の広さしか賭博用途では使用しない、と法規制したわけである。

ＩＲ全体では77万㎡の規模があり、カジノで使用する面積は２・３万㎡だという。２・３万㎡とは正方形でいえば約１５０メートル角。軟式野球のグラウンドほどの広さである。

もちろん平地で展開するのではなく、ホテル形式で多層階におよぶ建物として準備されるもので、大都市の駅ビルのような規模である。

これは必要なカジノ面積をもとにして、３％で割り戻した面積を、全体のＩＲ面積として77万㎡を確保したのだろうと予想される。これだけの巨大な面積を確保しつつ既存の都市や日常からかけ離れた場所、という想定が「夢洲」での誘致の発想に至ったわけである。

しかしながら、夢洲は元々廃棄物の処分場だっただけでなく、このＩＲ誘致、万博開催決定の時点でも、まだ埋め立て中だったのである。

軟弱地盤の夢洲会場

海中を埋め立て途上ということで地盤と呼べるような土地ではなく、マヨネーズ状とかお汁粉状とも呼ばれるような湿地かつ溜め池のような状態であった。

通常、埋め立て地は、次の利用方法を検討し建物を建てられるようになるまでは、水抜きと盛り土の繰り返しによって、十数年以上はかかるものなのである。

想定している地面の高さまで土を盛っても、盛った土の自重で沈み始め、初年度は10数メートルの高さが沈んでしまう。土を盛る、沈む、水を抜く、また土を盛る、また沈む、また水を抜く、といった作業を延々と繰り返し、初年度で十数メートルだった沈下量は徐々に減っていき、2年目数メートル、3年目1メートル数十センチ、以降は数十センチの地盤沈下を繰り返しながら、ある程度の土地の硬さになるまで十数年はかかることを想定しているものなのである。

つまり、未だ充分な土地の強度に至っていない夢洲を、半ば強引に土地改良を施し万博会場として活用しようとしたわけなのだ。

しかし、地盤の問題とは無視できるものではない。万博というイベントが、いわば単純なお祭りやフェスティバル、コンサートやダンスといった陸上の競技イベントならば、まだなんとかなったかもしれないが、万博はパビリオンを建てる。参加各国が建築をするのである。

実は、筆者も2年前にある万博参加国家からパビリオン設計と工事会社の選定の依頼を受けた。そのときに各国のパビリオン出展のための要項を入手し、その内容を確認してみたが、驚愕《きょうがく》した。土地の状態が予想以上に悪く、さらに基礎工事に関しての取り決めが非常に不利なのである。

各国パビリオンの工事が進まない理由

パビリオンに限らず建築をするうえでもっとも障害となるのが土地の問題だ。

土地が充分に硬く平らであれば、建築の基礎は本当に簡易になる。最終的に建築物や中に入る人や物の重量はまず床が支え、最終的に地面が支えるものだからである。

地面が斜めや段差になっているだけで、建物の重量をバランスさせるには基礎や杭《くい》に負担が生じる。ましてや、海上の埋め立て地のように硬い地盤まで海の底からさらに、ヘドロや粘土などの柔らかい堆積層を経て、やっと到達するような土地では、杭の長さが建物の高さ以上になってしまうこともある。それが夢洲の場合、50メートルもの深さになるというのである。これでは、パビリオン建築のようなせいぜい2階建て、3階建ての建築では割りに合わない。地下に向かって打つ杭は、20階建て以上の長さなのである。

しかも、建設時に打った杭は万博終了後に抜かなくてはならないという決まりである。そもそも、杭の引き抜きは再開発の現場などで、古いビルなどの地下埋設物がどうしても邪魔になる際にやむなく実行するぐらいに、非常に難しく費用もかかる工事なのである。そうなると、ほとんどのパビリオンは杭を打たないで建設を講《こう》じるしかない。

万博会場だけではない工事会社不足

しかし、万博協会も地盤がどのくらい悪影響があるものか理解に乏しかったのか、こうした地盤の問題も、参加国には充分にアナウンスされておらず、特に地盤と杭に関する記述は別紙参照とされており、要項を読み込まない限り、なかなか見つけられないのである。

そうした事情を理解していないままデザインを進めていたような参加国は、あわてて軟弱地盤対策の設計に切り替えなくてはならず、デザイナーも変更に追われ、本国で当初想定していたような予算では間に合わなくなってしまっているケースも起きている。

そうした状況の中で、日本側では万博に限らず、そもそも施工者不足という社会背景もあって、万博の各国パビリオン工事は遅れに遅れているのである。

そのような地盤の弱さ、雨が降ったらぬかるみ、地下水ならぬ海水の流入もあり得るような軟弱地盤の下には、まだ埋め立てられて数年といった有機物を含んだ浚渫土やゴミがあり、埋め立てた廃棄物の腐敗や嫌気《けんき》性醱酵で生じる地下水からのガスの上昇が考えられていたが、実際に作業員の火花かなにかに引火して爆発事故も起きている。

そのような、開催地として不利な条件を直視することなく、万博会場としてしまったことが未だに尾を引いているのである。

突如会場に現れた木造リング

万博誘致の時点では土地のすべてが埋め立てられた状態ではなく、未だ埋め立て途中を想定し、当初は会場のほとんどが水中に浮かぶ島々のような構成をとる多島海を会場デザ

完成した大阪・関西万博会場の大屋根リング（写真：共同通信）

インのテーマとしていた。

多島海を成り立たせているのは、「ボロノイ分割」という、数学的な面積分解であると同時に自然界に発生する有機的なパターンをも示していたものだった。

同時に会場構成に中心を設けないという考えも画期的なものであったろう。

しかし結局は、東京オリンピック２０２０におけるメイン会場として発表された有機的デザインの新国立競技場と同様に、万博誘致成功のひとつの鍵であったはずのアイデアが、紆余曲折《うよきょくせつ》や妥協の繰り返しなのか、デザインの内容が変質されてまったく違うものになっていた。

会場を取り巻く木造リング案に変わってし

まったのである。国際的な文化の違いや参加する企業のテーマ、様々なデザインや形状、構造方式や素材や色彩が異なる万博パビリオンはさながら建築の仮装パーティのようなものである。

視覚的にバラバラな要素を、それぞれの良さを活かしながら、いかにひとつの統一的な秩序や繋がりに表現するのかが、いわば会場プロデュースの醍醐味である。

そういった意味では、全周2キロという大きなリングの視覚的効果は絶大で、特に空撮による視認性は高く、一見してそこが会場と分からせるものとなっている。

しかしながら、今回の大阪・関西万博におけるパビリオン工事は、工事の遅れだけでなく、計画の見直しや、予算の不足によって、やむなく個別パビリオンから共同建物への移行を決めた国々もいる。

パビリオン建築のファスト化

また、パビリオン建設に悩む国々に、独自パビリオンを諦めるように勧めてしまった結果、長屋型のテナント展示スペースや、タイプXと呼ばれる簡易な倉庫形式の箱型パビリオンなど、ドラッグストア型のファスト建築が、会場内には思いの外増えてしまっているのである。

その一方、軟弱地盤であることの情報を早めに摑《つか》んで、基礎の地盤対策を早期におこなえた日本側の企業などは、自重の軽い建物で現代的にデザインされた斬新なパビリオンを建設したが、そのほとんどはリングの外にある。

そのため、リング内には凝ったデザインのタイプAパビリオンと、四角の倉庫型建築が接しながら、狭い通路を隔てて同居するという配置となってしまっているのである。

それらがまだ、地上からの視点だけであったなら、建物の壁面の装飾やサイン、ラッピングによりまだ個別の表現も活きたと思われるが、リングから会場全体を見下ろすことができるために、低い箱型の黒やグレーの四角い平たい屋根が数棟も連続してしまっており、斬新なパビリオン建築の競演という意味では残念な結果となっている。

そうしたデザイン性の有無による建築の質の違いを、丸という強い形と木の柱や梁でできたジャングルジムのようなリングの空間で覆い隠してしまっている。

結果として、そうした個別のパビリオン建築のファスト化を見えにくくしてしまっているという意味では万博の本質である各国パビリオンの存在感を覆い隠す効果を発揮しているのは皮肉なこととしか言いようがない。

本来ならば、参加各国の文化や現代社会におけるテーマ性を造形や空間表現として、来場者に対し示すパビリオン建築のほうがメインであるべきで、それを囲む会場の城壁としての木造リングのほうばかりが注目されるようでは本末転倒なのである。

EXPO'70大阪万博を通じた大阪北部、吹田《すいた》市の発展

ふりかえって、EXPO'70の会場と比較してみた場合には、吹田の万博会場は道路や新交通機関のモノレール、高速道路に囲まれた曲玉《まがたま》型の土地を、京都や奈良などの古都に見られる条里制に基づいた大通りに直角に交差する通りによって街区表現をしていた。

そのことが同時に、田畑や丘陵の森の中に忽然《こつぜん》と現れた未来都市の島、当時、テレビシリーズで人気のあった「ひょっこりひょうたん島」の未来版のような様相を示していたのである。

原色を採用した建築や塔になった建築も多く、おもちゃ箱をひっくり返したようなという表現がそのままに楽しげな未来を表現していた。

同時に「太陽の塔」と名付けられたシンボルタワーと、その周囲の「お祭り広場」は、古代の土偶や埴輪《はにわ》を彷彿とさせながら、ＳＦ的でヒーローロボットのようでもある。単なる視覚的造形表現だけでなく、大勢の人が集まり終日イベントが繰り広げられ、当時の子供達だけでなく、大人も若者も来場者を皆、魅了したものであった。

こうした会場構成とその周辺インフラは、吹田市の丘陵を切り開くきっかけともなり、万博終了後には、「千里《せんり》ニュータウン」として開発が続けられ、大阪中心部から通勤や通学可能なあらたなベッドタウンとしての発展を促すものとなった。

実際に吹田市の人口は万博開催前の10万人から35万人に増えており、高度成長期の日本全体の人口増加率が約20％であることに対し、実に３５０％の増加率なのである。大阪万博を通じて、開催地となった吹田周辺は日本全体の発展の18倍もの都市の発展を起こしていたのである。

つまり、万博を契機に大阪の北部は大いに経済的発展を見せるだけでなく、その後の名神や阪神高速や中国道への接続、伊丹《いたみ》空港への連絡、公的住宅の拡充、大学や文化施設の誘致なども進み、近畿圏の物流ジャンクションとしても重要な拠点エリアに発展したわけである。数ヶ月の国際イベントをひとつの大義として、その後の数十年間の都市の発展を持続させる長期的な視野があったことをうかがわせるものなのだ。

ひるがえって、今回の大阪・関西万博をいくら眺めてみても、周辺との一体的開発やその後の経済発展に繋がる要素は何もないといっても過言ではない。

大阪・関西万博のファスト化

夢洲という開催地のことを、負の遺産の有効活用などと喧伝《けんでん》する動きもあるが、そもそも処分場は負の遺産でもなんでもなかった。

むしろ廃棄物やゴミの処理は人間生活や社会活動において、継続したものであり、特に大都市にとっては必須の空間なのである。

万博の誘致時点でもその役割を担っていた土地で、まだまだ数十年は使用可能だった北港処分場にＩＲを誘致し、その露払いとしてインフラ整備を含めた資本投下の大義名分として使われたことが今回の万博の不幸であった。

本来ならば近畿圏、特に大阪府大阪市の未来はどうあるべきかを真剣に考える機会とすべきであって、広告代理店頼みのスローガンやイベント準備に振り回されている場合ではなかったのである。

今後の持続可能な社会を作り上げていくうえでは、一部の産業の衰退を抑えながら新規の起業や研究開発へのバランスのよい投資をどうおこなっていくかが重要で、そのような都市の姿を、今の大阪を通じてどう図っていくべきかの大きなチャンスであったはずなのである。

その大きな大義の中にＩＲも存在しているというのならば、まだ救いも可能性もあったであろうが、ＩＲをメインのオカズにして、ただ空き地に誘致したところで、日本の諸都市の問題も、近畿圏の問題も、大阪が抱える直近の問題もなんら解決することはないのである。

ただ目の前の短期的な評価や保身に振り回されて本当に必要なものは何か、まったく抜け落ちていたと言うほかはないのだ。

東京オリンピック２０２０のほうは、世界的なコロナ禍の中で、国際イベントがすべて不可能になり、国家間の移動も制限された中で、非常なハンデをリモート開催ということで乗り切った感はあった。それでも、オリンピック開催を念頭においた競技施設の建設は無駄となり、選手村として建設されたマンション群は、居住よりも投資目的で購入し夜間に灯《あか》りの点《つ》く部屋はまばらだと聞く。

結局、国際イベントを契機として東京はなんの社会資本も経済的成果も残せなかった。

では、大阪はどうであろうか。開催を直前に控えてパビリオンの建設も遅れ、チケット購入も予定どおり進まないとの報道を聞く。そのようなイベント成功の行方で一喜一憂していることが既に、国際イベントとして失敗なのである。

国際イベントの開催のメリットとは、開催までの準備期間における投資効果と、人々の訪れる未来への希望に溢《あふ》れた、次の社会への期待であって、イベント終了後の都市の発展性なのである。

それがまったく見通せていない今回の国政イベントの失敗は、簡単に空き地活用と考えた短期的利益の追求が、ＩＲの誘致にしかなく、開催の動機そのものがファスト化していることが原因なのである。

あとがき

本来なら長期にわたって維持されるべき、耐久性があるはずの建築という世界に、短期でダメになった「腐る建築」が現れたことから、日本の建築がファスト化しているのではないか、との疑問から考え始めたのが本書でした。

しかしながら、日本の建築を様々なジャンル、様々な角度で検証してみたときに、最近になって急にファスト化しているわけではなく、むしろこの数十年間、どんどんファスト化していたのです。

ファストフードやファスト映画、時短視聴どころではなく、建築を早く、安く、簡単に作ろうとし続けたために、もはやこの社会はファスト化していることが当たり前になってきていたのではないか、という実感を持ちました。

早い工法、安い建材、簡単な計画、そういったことがあらかじめ前提になって、戦後の建築業界は突き進んできた。そのことに疑問をもつことなく今の建築業界は、ある意味発展してきていたのです。

私は、偶然にもそういったファスト化とは真逆の境遇から建築家のスタートを切りました。

大学の建築教育に疑問をもっていたことは、拙著『非常識な建築業界「どや建築」という病』（光文社新書）において、書いたとおりなのですが、大学を卒業して、いざ就職となった頃、時代はバブル全盛です。新卒の建築学生は引く手あまたで、正直、大手ゼネコンだろうがどこだろうが、どこでも就職できたといったら言い過ぎかもしれませんが、実際そうでした。

私たちの世代は戦後の子供向けの特撮ヒーロー映画やマンガ、アニメの申し子なこともあって、「正義のために」、「地球を守れ」、「平和を守れ」というメッセージの中で育ちました。

いわゆる子供向けの作品であっても、公害問題や民族紛争などを真正面から採り上げた番組に感化されている世代です。

そのような背景をもって、大規模開発や環境破壊についても関心をもっていたため、このまま建築の仕事についていいのか悩んでいたこともあり、就職活動もせず、かといって大学院進学の準備もせず、卒業も決まったにもかかわらず進路が決まらないまま、卒業年の3月を迎えていたのです。

つまり、大学を卒業しても無職決定ということです。

ところが、卒業式後の3月30日、大学の事務局から電話があったのです。

「森山クン、君は卒業決まってんのに就職先の報告ないですよね。ならば、大手不動産会社のM地所か、S不動産に明日から行くように」と。

いや、私は就職が決まってないのは事実ですが、M地所もS不動産も志望してないし、就職試験も受けていませんが……。

「新卒採用が足りないらしくて、学生課に求人来てる。卒業決定してるのに、就職先決まってないのは君だけだから、4月1日からどっちかに行ってください。それで大丈夫なことになっています」という連絡でした。

このままだと、M地所かS不動産に行くしかなくなる、と危機意識をもった私は、以前から興味を持っていた、現代建築の中に日本の伝統工法や数寄屋建築、茶室の技術を取り入れている建築家の先生のところに急遽《きゆうきよ》、弟子入りすることを決めて、この大手不動産会社からの求人を断ったのです。

その建築家の先生の下では、壁は土壁に漆喰、床は無垢の板張り、内装に漆を塗ったり、障子の和紙は能登《のと》で漉《す》いてもらい、石は採掘所にまで出向いて何にするか決める。建築に使う木は丸太から山に生えているときから買っておいて、時間をかけて乾燥させ自分らで製材して使う、といった徹底ぶりで、建築を設計するだけでなく、素材の買い付けから加工方法まで、職人さんと一緒に考えながら取り組むという仕事の仕方だったのです。

なので、あらゆる建築素材の原価と作業工程を把握する機会に恵まれました。

そこまで取り組むのが建築の仕事と教えられ、それが当たり前のことと、思い込んでいたのです。

その先生のところを辞めて、自分で独立して建築設計事務所を構えたわけですが、当初は仕事があるわけでもなく、糊口《ここう》をしのぐためにも、大学の先輩や友人の伝手《つて》で建築設計のお手伝いをすることになりました。

そこで、衝撃を受けることになるのですが、それまで私が覚えていた、建築の工法や素材に関する当たり前と考えていた知識や技術とはまったく違う体系と方法で世の中の建築は造られていたのです。

まず、内装の壁面が、漆喰でもなく板張りでもない、ビニルクロスという、なんでビニルなのか意味がわからない新素材（私にとっては）が貼られていました。

床は、突き板複合フローリングという表面にのみ薄い木が貼られているベニヤ板です。窓や扉は薄いアルミの枠がガタガタ形状の見苦しい枠でできており、寸法も自由にならない既製品です。

これらは私が、仕事で覚えた左官の塗り壁とか、無垢板のフローリング、窓や扉はこちらですべて決めて、職人さんに頼んでつくるのが普通と思っていたものと真逆の世界です。お手伝いしている建設会社や設計会社において彼らにとっては当たり前のことが私にとっては未知のこと、ビニルクロスってなんなんですか？　突き板フローリングってなんですか？　と、普通の仕事を覚えた人にあるまじき質問を繰り返す私に、彼らは唖然として面食らっていました。

つまり、分かりやすく料理人の世界でたとえるならば、私は出汁は鰹節《かつおぶし》を削って取り、ご飯は竈《かまど》でしか炊いたことがなく、魚はまるのまま捌《さば》くことを当たり前とし、化学調味料とか電子レンジを見たことがなくて、レトルト食品、市販のケチャップやマヨネーズを知らない板前みたいなものでしょう。

つまり、この40年以上も前の時点で、建築業界は完全にファスト化していたのです。本物の素材を見たことがないまま、フェイク素材であるビニルクロスが、当たり前のことなり、無垢板のフローリングを加工したことがないまま、建材カタログから選んで使う。

ちょうど、野菜はカット野菜で届いて、スープは固形スープで、素材は冷凍されたものを解凍して使うことを、料理人達が当たり前だと思っているような世界です。

なので、その時点で既に、日本の建築は高額な家であっても、ローコストな家であろうとも、使われている素材は大して変わらない状態だったのです。

郊外の建て売り住宅でも都心部の高級マンションでも部屋の内装の本質的な素材は一緒です。ビニルクロスの普通バージョンか、一クラス上のバージョンかの違いでしかありません。

高級マンションだからといって、手仕事を活かした左官仕上げではないのです。

廉価な家も高額な家も、立地の違いによる地価と、単に、家の広さが異なるだけで、フェイク素材、ファスト建材であることに変わりはなかったのです。廉価な家のために廉価な素材を選んでいるのではなく、高額でも廉価でもどちらでもいいから、取り扱いの楽な、工事期間も短い、入手のしやすい工場生産の建材の中から、選ばれているのです。

すべての建築をその素材から、材料から吟味して、各職人に特注の手加工で依頼して建てるものと思っていた私には、この世の建築のすべてに対し、浦島太郎のように感じたのでした。それが、標準的な建設業界の素材と、一般的な工事の進め方だったのです。

早く、安く、お手軽に準備する。

それを実現するために、食品工場で製造され、化学合成された調味料の力を普通に借りているわけです。

つまり、我が国でファスト化がもっとも早く進んでいたのは、実は建築業界だったのです。

今、現在でも、料理の世界で、蟹《かに》風味かまぼこを蟹すきや蟹鍋に出す店はありませんし、魚肉ソーセージをステーキとして出す店もありません。

インスタント珈琲《コーヒー》を淹《い》れる喫茶店もないし、レンジで温めた米で寿司を握る寿司店もありません。

ところが、建築業界では、そういったファストなやり方が進んでおり、フェイクな素材の使用も、早く、安くのためには、当たり前となっていたのです。

土壁やモルタルなどといった左官工事による不燃の壁づくりは、石膏ボードという安い工業素材に変わりました。

壁面も真っ平らに塗ることができる左官技術はいらなくなったのです。

大工さんが柱や梁の木材を切って削って現場ではめ込む仕事も、プレカット木材という工場であらかじめ接合できるようにコンピューター制御で加工されています。

工事現場では柱や梁を、指示書のナンバーに合わせて嵌《は》めるだけになっています。

ファストフードが、料理の手間をなくしてメニューも減らして、どこでも同じものを手軽に供するのと同様のことが、ずっと前から建築の現場では先取りされており、そのことに我々が気付いていないだけだったのです。

結果、こうした伝統工法や本物の素材に言及できる、こだわる人は減っています。

ところが、地域ごとの独自文化とは、この消えつつある、素材や加工技術を前提としていないと継承されないのです。

それは、単に建設予算の過多ではなく、建設に要する時間にもかかっています。

何を建設するか、どうやって建設するか、どこに建設するかを急いで決めれば決めるほど、その結果は、急いで陳腐化し、最速で劣化し、役に立たなくなります。

もっと長期的な視野で、目の前の出来事のみに集中して意思決定するのではなく、将来の変化にも、配慮する必要があるのです。

既に建設業界はファスト化の極みにまで達しています。

ならば、ファストフードや、ファスト視聴というものが、これからこの社会に何をもたらしてくるのか、それは日本の建設業界を見ることで、予測できるのではないでしょうか。

そして、それを放置することは、過去に積み上げてきた様々な技術や知識を失い、技術の担い手を失い、伝統的な文化を失うことに他ならないでしょう。

なぜなら、元になるお手本や、最高の技術成果すら評価することができなくなり、結局、ファスト化することによるメリットすら失ってしまうことになるからです。

日本の建築がさらなるファスト化へ向かうのだとしたら、家はさらなる最小限空間の追求に向かい、公共施設は完成時にマスコミ取材を受ける話題性のみを求め、商業建築は回転率と売り上げのみを求めていくことになるでしょう。

それらの考えは、目の前の経済的な利益の最大化を目指してのものですが、インバウンドに対応するために観光資源であるはずの古い街並みや家を壊し続ける古都のように、いつかは、競争力を失い成長どころか縮退していくでしょう。

なぜなら、「腐る建築」が登場し人々を失望させていたように、早い、安い、簡単に、は決して人々から本来の建築のあるべき姿として求められてきたものではないからです。

経済利益には短期と長期とがあります。

建築とは社会資本として本来長期的利益に基づくものだったはずです。

あらためて、そうした考えに戻ること、そして、長い時間に耐えうる建築やデザインが求められてくるでしょう。

本書を通じて多くの人がそういう気付きに至っていただけたなら本望です。

カバーデザイン・図版制作　小栗山雄司

森山高至（もりやま・たかし）
建築エコノミスト／一級建築士
1965年岡山県生まれ。88年早稲田大学理工学部建築学科を卒業後、齋藤裕建築研究所に勤務。独立後は戸建住宅から大型施設まで数多くの設計監理業務に従事するかたわら、早稲田大学政治経済学部大学院を卒業。建築と経済の両分野に精通した「建築エコノミスト」として地方自治体主導の街づくりや公共施設のコンサルティングにも従事。いわゆる「新国立競技場問題」「築地市場移転問題」では早くからその問題点を指摘し、難解な建築の話題を一般にも分かりやすく解説できる識者としてテレビやラジオのコメンテーターとしても活躍する。
主な著書に『非常識な建築業界 「どや建築」という病』（光文社新書）、『ストーリーで面白いほど頭に入る鉄骨造』（エクスナレッジ）など。

扶桑社新書533

ファスト化《か》する日本建築《にほんけんちく》

発行日 2025年5月 1 日　初版第1刷発行
2025年6月10日　第2刷発行

著　　者………森山 高至
発 行 者………秋尾 弘史
発 行 所………株式会社 扶桑社
〒105-8070
東京都港区海岸1-2-20　汐留ビルディング
電話　03-5843-8842（編集）
03-5843-8143（メールセンター）
www.fusosha.co.jp

ＤＴＰ制作………アーティザンカンパニー株式会社
印刷・製本………中央精版印刷株式会社

Printed in Japan ISBN 978-4-594-10006-3